ALAIN BADIOU

L'éthique

Essai sur la conscience du Mal

HATIER

SOMMAIRE

Photo de couverture : Ulf Andersen- Gamma

ISBN 2-218-**06941-5**

INTRODUCTION

Certains mots savants, longtemps confinés dans les dictionnaires et la prose académique, ont la chance, ou la malchance – un peu comme une vieille fille résignée qui devient, sans comprendre pourquoi, la coqueluche d'un salon – de sortir soudain dans le plein air du temps, d'être plébis- et publi- cités, pressés, télévisés, mentionnés jusque dans les discours gouvernementaux. Le mot *éthique*, qui sent si fort son grec, ou son cours de philosophie, qui évoque Aristote (l'*Éthique à Nicomaque*, un best-seller fameux !), est aujourd'hui sous les feux de la rampe.

Éthique concerne, en grec, la recherche d'une bonne « manière d'être », ou la sagesse de l'action. À ce titre, l'éthique est une partie de la philosophie, celle qui ordonne l'existence pratique à la représentation du Bien.

Ce sont sans doute les stoïciens qui ont avec le plus de constance fait de l'éthique, non pas seulement une partie, mais le *cœur même* de la sagesse philosophique. Le sage est celui qui, sachant discerner les choses qui dépendent de lui de celles qui n'en dépendent pas, organise sa volonté autour des premières, et endure impassiblement les secondes. On rapporte du reste que les stoïciens avaient coutume de comparer la philosophie à un œuf, dont la coquille était la Logique, le blanc la Physique, et le jaune l'Éthique.

Chez les modernes, pour qui la question du sujet est, depuis Descartes, centrale, *éthique* est à peu près synonyme de moralité, ou – dirait Kant – de raison pratique (différenciée de la raison théorique). Il s'agit des rapports de l'action subjective, et de ses intentions représentables, avec une Loi universelle. L'éthique est principe de jugement des pratiques d'un Sujet, que ce sujet soit individuel ou collectif.

On notera que Hegel introduit une fine distinction entre « éthique » (*Sittlichkeit*) et « moralité » (*Moralität*). Il réserve le principe éthique à l'action *immédiate*, cependant que la moralité concerne l'action *réfléchie*. Il dira par exemple que « l'ordre éthique consiste essentiellement dans la décision immédiate.[1] »

L'actuel « retour à l'éthique » prend le mot dans un sens évidemment flou, mais certainement plus proche de Kant (éthique du jugement) que de Hegel (éthique de la décision).

En vérité, *éthique* désigne aujourd'hui un principe de rapport à « ce qui se passe », une vague régulation de notre commentaire sur les situations historiques (éthique des droits de l'homme), les situations technico-scientifiques (éthique du vivant, bio-éthique), les situations « sociales » (éthique de l'être-ensemble), les situations médiatiques (éthique de la communication), etc.

Cette norme des commentaires et des opinions est adossée à des institutions, et dispose de sa propre autorité : il y a des « commissions nationales d'éthique », nommées par l'État. Toutes les professions s'interrogent sur leur « éthique ». On monte même des expéditions militaires au nom de l'« éthique des droits de l'homme ».

Au regard de l'inflation socialisée de la référence à l'éthique, l'enjeu du présent essai est double :

– Dans un premier temps, il s'agira d'examiner la nature exacte de ce phénomène, qui est, dans l'opinion et dans les institutions, la tendance « philosophique » principale du moment. On essaiera de montrer qu'il s'agit en réalité d'un véritable nihilisme, et d'un menaçant déni de toute pensée.

1. Hegel, *Phénoménologie de l'Esprit*, Aubier, Tome 2, p. 32. Toute cette section de la *Phénoménologie de l'Esprit* est difficile, mais grandement suggestive.

– Dans un deuxième temps, on disputera à cette tendance le mot *éthique*, en lui donnant un tout autre sens. Au lieu de le lier à des catégories abstraites (l'Homme, le Droit, l'Autre...), on le rapportera à des *situations*. Au lieu d'en faire une dimension de la pitié pour des victimes, on en fera la maxime durable de *processus singuliers*. Au lieu que n'y soit en jeu que la bonne conscience conservatrice, il en ira du destin *des* vérités.

I

L'Homme existe-t-il ?

L'« éthique », dans l'acception aujourd'hui courante du mot, concerne de façon privilégiée les « droits de l'homme » – ou, subsidiairement, les droits du vivant.

On suppose qu'il existe un sujet humain partout reconnaissable, et qui possède des « droits » en quelque sorte naturels : droit de survivre, de n'être pas maltraité, de disposer de libertés « fondamentales » (d'opinion, d'expression, de désignation démocratique des gouvernements, etc.). Ces droits sont supposés évidents, et faire l'objet d'un large consensus. L'« éthique » consiste à se préoccuper de ces droits, à les faire respecter.

Ce retour à la vieille doctrine des droits naturels de l'homme est évidemment lié à l'effondrement du marxisme révolutionnaire et de toutes les figures de l'engagement progressiste qui en dépendaient. Dépourvus de tous repères collectifs, dépossédés de l'idée d'un « sens de l'Histoire », ne pouvant plus espérer une révolution sociale, nombre d'intellectuels, et avec eux de larges secteurs de l'opinion, se sont, en politique, ralliés à l'économie de type capitaliste et à la démocratie parlementaire. En « philosophie », ils ont redécouvert les vertus de l'idéologie constante de leurs adversaires de la veille : l'individualisme humanitaire et la défense libérale des droits contre toutes les contraintes de l'engagement organisé. Plutôt que de chercher les termes d'une nouvelle politique d'émancipation collective, ils ont en somme adopté les maximes de l'ordre « occidental » établi.

Ce faisant, ils ont dessiné un violent mouvement réactif, au regard de tout ce que les années soixante avaient pensé et proposé.

1. *La mort de l'Homme ?*

Michel Foucault avait alors fait scandale en énonçant que l'Homme, conçu comme sujet, était un concept historique et construit, appartenant à un certain régime du discours, et non une évidence intemporelle capable de fonder des droits ou une éthique universelle. Il annonçait la fin de la pertinence de ce concept, dès lors que le type de discours qui seul lui donnait sens était historiquement périmé.

De même Louis Althusser énonçait que l'histoire n'était pas, comme le pensait Hegel, le devenir absolu de l'Esprit, ou l'avènement d'un sujet-substance, mais un processus rationnel réglé, qu'il nommait un « procès sans sujet », et auquel n'avait accès qu'une science particulière, le matérialisme historique. Il en résultait que l'humanisme des droits et de l'éthique abstraite n'étaient que des constructions imaginaires – des idéologies –, et qu'il fallait s'engager dans la voie qu'il appelait celle d'un « anti-humanisme théorique ».

Dans le même temps, Jacques Lacan entreprenait de soustraire la psychanalyse à toute tendance psychologique et normative. Il montrait qu'il fallait distinguer absolument le Moi, figure d'unité imaginaire, et le Sujet. Que le sujet n'avait aucune substance, aucune « nature ». Qu'il dépendait, et des lois contingentes du langage, et de l'histoire, toujours singulière, des objets du désir. Il s'ensuivait que toute vision de la cure analytique comme réinstauration d'un désir « normal » était une imposture, et que, plus généralement, il n'existait aucune norme dont puisse se soutenir l'idée d'un « sujet humain » dont la philosophie aurait eu pour tâche d'énoncer les devoirs ou les droits.

Ce qui était ainsi contesté était l'idée d'une identité, naturelle ou spirituelle, de l'Homme, et par conséquent le fondement même d'une doctrine « éthique » au sens où on l'entend aujourd'hui : législation consensuelle concernant les hommes en général, leurs besoins, leur vie et leur mort. Ou encore : délimitation évidente et universelle de ce qui est mal, de ce qui ne convient pas à l'essence humaine.

Est-ce à dire que Foucault, Althusser, Lacan, prônaient l'acceptation de ce qu'il y a, l'indifférence au sort des gens, le cynisme ? Par un paradoxe que nous éclaircirons dans la suite, *c'est exactement le contraire* : tous étaient, à leur façon, les militants attentifs et courageux d'une cause, bien au-delà de ce que sont aujourd'hui les tenants de l'« éthique » et des « droits ». Michel Foucault par exemple s'était engagé de façon particulièrement rigoureuse sur la question des emprisonnés, et consacrait à cette question, faisant preuve d'un immense talent d'agitateur et d'organisateur, une grande partie de son temps. Althusser n'avait en vue que la re-définition d'une véritable politique d'émancipation. Lacan lui-même, outre qu'il était un clinicien « total », au point de passer le plus clair de sa vie à écouter des gens, concevait son combat contre les orientations « normatives » de la psychanalyse américaine, et la subordination avilissante de la pensée à l'*american way of life*, comme un engagement décisif. De sorte que les questions d'organisation et de polémique étaient à ses yeux constamment homogènes aux questions théoriques.

Lorsque les tenants de l'idéologie « éthique » contemporaine proclament que le retour à l'Homme et à ses droits nous a délivrés des « abstractions mortelles » engendrées par « les idéologies », ils se moquent du monde. Nous serions heureux de voir aujourd'hui un souci aussi constant des situations concrètes, une attention aussi soutenue et aussi patiente portée au réel, un temps aussi vaste consacré à l'enquête agissante auprès des gens les plus divers, et les plus éloignés, en apparence, du milieu ordinaire des intellectuels, que ceux dont nous avons été les témoins entre 1965 et 1980.

En réalité, la preuve a été fournie que la thématique de la « mort de l'Homme » est compatible avec la rébellion, l'insatisfaction radicale au regard de l'ordre établi, et l'engagement complet dans le réel des situations, cependant que le thème de l'éthique et des droits de l'homme est, lui, compatible avec l'égoïsme content des nantis occidentaux, le service des puissances, et la publicité. Tels sont les faits.

L'élucidation de ces faits exige qu'on en passe par l'examen des fondements de l'orientation « éthique ».

2. *Les fondements de l'éthique des droits de l'homme*

La référence explicite de cette orientation, dans le corpus de la philosophie classique, est Kant[2]. Le moment actuel est celui d'un vaste « retour à Kant », dont à vrai dire les détails et la diversité sont labyrinthiques. Je n'aurai ici en vue que la doctrine « moyenne ».

Ce qui est essentiellement retenu de Kant (ou d'une image de Kant, ou mieux encore des théoriciens du « droit naturel ») est qu'il existe des exigences impératives, formellement représentables, et qui n'ont pas à être subordonnées à des considérations empiriques, ou à des examens de situation ; que ces impératifs touchent aux cas d'offense, de crime, de Mal ; on ajoute à cela qu'un droit, national et international, doit les sanctionner ; que par conséquent les gouvernements sont tenus de faire figurer dans leur législation ces impératifs, et de leur donner toute la réalité qu'ils exigent ; que sinon, on est fondé à les y contraindre (droit d'ingérence humanitaire, ou droit d'ingérence du droit).

2. Kant, *Fondements de la métaphysique des mœurs.*

L'éthique est ici conçue à la fois comme capacité *a priori* à distinguer le Mal (car dans l'usage moderne de l'éthique, le Mal – ou le négatif – sont premiers : on suppose un consensus sur ce qui est barbare), et comme principe ultime du jugement, en particulier du jugement politique : est bien ce qui intervient visiblement contre un Mal identifiable *a priori*. Le droit lui-même est d'abord le droit « contre » le Mal. Si l'« État de droit » est requis, c'est que lui seul autorise un espace d'identification du Mal (c'est la « liberté d'opinion », qui, dans la vision éthique, est d'abord liberté de désigner le Mal), et donne les moyens d'arbitrer quand la chose n'est pas claire (appareil de précautions judiciaires).

Les présupposés de ce noyau de convictions sont clairs :

1) On suppose un sujet humain général, tel que ce qui lui arrive de mal soit identifiable universellement (bien que cette universalité soit souvent appelée, d'un nom tout a fait paradoxal, « opinion publique »), en sorte que ce sujet est à la fois un sujet passif, ou pathétique, ou réfléchissant : celui qui souffre ; et un sujet de jugement, ou actif, ou déterminant : celui qui, identifiant la souffrance, sait qu'il faut la faire cesser par tous les moyens disponibles.

2) La politique est subordonnée à l'éthique, du seul point qui importe vraiment dans cette vision des choses : le jugement, compatissant et indigné, du spectateur des circonstances.

3) Le Mal est ce à partir de quoi se dispose le Bien, et non l'inverse.

4) Les « droits de l'homme » sont des droits au non-Mal : n'être offensé et maltraité ni dans sa vie (horreur du meurtre et de l'exécution), ni dans son corps (horreur de la torture, des sévices et de la famine), ni dans son identité culturelle (horreur de l'humiliation des femmes, des minorités, etc.)

La force de cette doctrine est, de prime abord, son évidence. On sait en effet d'expérience que la souffrance se voit. Déjà les théoriciens du XVIIIe siècle avaient fait de la pitié – identification à la souffrance du vivant – le principal ressort du rapport à autrui. Que la corruption, l'indifférence ou la cruauté des dirigeants politiques soient les causes majeures de leur discrédit, les théoriciens grecs de la tyrannie le notaient déjà. Qu'il soit plus aisé de constituer un consensus sur ce qui est mal que sur ce qui est bien, les églises en ont fait l'expérience : il leur a toujours été plus facile d'indiquer ce qu'il ne fallait pas faire, voire de se contenter de ces abstinences, que de débrouiller ce qu'il fallait faire. Il est en outre certain que toute politique digne de ce nom trouve son point de départ dans la représentation que se font les gens de leur vie et de leurs droits.

On pourrait donc dire : voilà un corps d'évidences capable de cimenter un consensus planétaire, et de se donner la force de son imposition.

Et pourtant, il faut soutenir qu'il n'en est rien, que cette « éthique » est inconsistante, et que la réalité, parfaitement visible, est le déchaînement des égoïsmes, la disparition ou l'extrême précarité des politiques d'émancipation, la multiplication des violences « ethniques », et l'universalité de la concurrence sauvage.

3. *L'homme : animal vivant, ou singularité immortelle ?*

Le cœur de la question est la supposition d'un Sujet humain universel, capable d'ordonner l'éthique aux droits de l'homme et aux actions humanitaires.

Nous avons vu que l'éthique subordonne l'identification de ce sujet à l'universelle reconnaissance du mal qui lui est fait. L'éthique définit donc l'homme *comme une victime*. On dira : « Mais non ! Vous oubliez le sujet actif, celui qui intervient contre la barbarie ! » Soyons précis en effet : l'homme est *ce qui est capable de se reconnaître soi-même comme victime.*

C'est cette définition qu'il faut déclarer inacceptable. Et cela pour trois raisons principales.

1) Tout d'abord, parce que l'état de victime, de bête souffrante, de mourant décharné, assimile l'homme à sa substructure animale, à sa pure et simple identité de vivant (la vie, comme le dit Bichat[3], n'est que « l'ensemble des fonctions qui résistent à la mort »). Certes, l'humanité est une espèce animale. Elle est mortelle et prédatrice. Mais ni l'un ni l'autre de ces rôles ne peuvent la singulariser dans le monde du vivant. En tant que bourreau, l'homme est une abjection animale, mais il faut avoir le courage de dire qu'en tant que victime, il ne vaut en général pas mieux. Tous les récits de torturés[4] et de rescapés l'indiquent avec force : si les bourreaux et bureaucrates des cachots et des camps peuvent traiter leurs victimes comme des animaux promis à l'abattoir, et avec lesquels eux, les criminels bien nourris, n'ont rien de commun, c'est que les victimes sont bel et bien devenues de tels animaux. On a fait ce qu'il fallait pour ça. Que certaines cependant soient encore des hommes, et en témoignent, est un fait avéré. Mais justement, c'est toujours par un effort inouï, salué par ses témoins – qu'il éveille à une reconnaissance radieuse – comme une résistance presque incompréhensible, en eux, *de ce qui ne coïncide pas avec l'identité de victime.* Là est l'Homme, si on tient à le penser : dans ce qui fait, comme le dit Varlam Chalamov dans ses *Récits de la vie des camps*[5], qu'il s'agit d'une bête autrement résistante que les chevaux, non par son corps fragile, mais par son obstination à demeurer ce qu'il est, c'est-à-dire, précisément, autre chose qu'une victime, autre chose qu'un être-pour-la-mort, et donc : *autre chose qu'un mortel.*

3. Médecin, anatomiste et physiologiste français du XVIIIe siècle.
4. Henri Alleg, *La Question*, 1958. Il n'est pas mauvais de se référer à des épisodes de torture bien de chez nous, systématiquement organisés par l'armée *française* entre 1954 et 1962.
5. Varlam Chalamov, *Kolyma. Récits de la vie des camps*, Maspéro-La Découverte, 1980. Ce livre, proprement admirable, donne forme d'art à l'éthique vraie.

Un immortel : voilà ce que les pires situations qui puissent lui être infligées démontrent qu'est l'Homme, pour autant qu'il se singularise dans le flot multiforme et rapace de la vie. Pour penser quoi que ce soit concernant l'Homme, c'est de là qu'il faut partir. En sorte que s'il existe des « droits de l'homme », ce ne sont sûrement pas des droits de la vie contre la mort, ou des droits de la survie contre la misère. Ce sont les droits de l'Immortel, s'affirmant pour eux-mêmes, ou les droits de l'Infini exerçant leur souveraineté sur la contingence de la souffrance et de la mort. Qu'à la fin nous mourrions tous et qu'il n'y ait que poussière ne change rien à l'identité de l'Homme comme immortel, dans l'instant où il affirme ce qu'il est au rebours du vouloir-être-un-animal auquel la circonstance l'expose. Et chaque homme, on le sait, imprévisiblement, est *capable* d'être cet immortel, dans de grandes ou de petites circonstances, pour une importante ou secondaire vérité, peu importe. Dans tous les cas, la subjectivation est immortelle, et fait l'Homme. En dehors de quoi existe une espèce biologique, un « bipède sans plumes » dont le charme n'est pas évident.

Si on ne part pas de là (ce qui se dit, très simplement : l'Homme pense, l'Homme est tissé de quelques vérités), si on identifie l'Homme à sa pure réalité de vivant, on en vient inévitablement au contraire réel de ce que le principe semble indiquer. Car ce « vivant » est en réalité méprisable, et *on le méprisera.* Qui ne voit que dans les expéditions humanitaires, les ingérences, les débarquements de légionnaires caritatifs, le supposé Sujet universel est scindé ? Du côté des victimes, l'animal hagard qu'on expose sur l'écran. Du côté du bienfaiteur, la conscience et l'impératif. Et pourquoi cette scission met-elle toujours les mêmes dans les mêmes rôles ? Qui ne sent que cette éthique penchée sur la misère du monde cache, derrière son Homme-victime, l'Homme-bon, l'Homme-blanc ? Comme la barbarie de la situation n'est réfléchie qu'en termes de « droits de l'homme », – alors qu'il s'agit toujours d'une situation politique, appelant une penséepratique politique, et dont il y a sur place, toujours, d'authentiques acteurs –, elle est perçue, du haut de notre paix civile apparente, comme l'incivilisée qui exige du civilisé une intervention civilisatrice. Or, toute intervention au nom de la civilisation *exige* un mépris premier de la situation toute entière, victimes comprises. Et c'est pourquoi l'« éthique » est contemporaine, après des décennies de courageuses critiques du colonialisme et de l'impérialisme, d'une sordide auto-satisfaction des « Occidentaux », de la thèse martelée selon laquelle la misère du tiers-monde est le résultat de son impéritie, de sa propre inanité, bref : de sa *sous-humanité.*

2) Deuxièmement, parce que si le « consensus » éthique se fonde sur la reconnaissance du Mal, il en résulte que toute tentative de rassembler les hommes autour d'une idée positive du Bien, et plus encore d'identifier l'Homme par un tel projet, est en réalité *la véritable source du mal lui-même.* C'est ce qu'on nous inculque depuis maintenant quinze ans : tout projet de révolution, qualifié d'« utopique », tourne, nous dit-on, au cauchemar totalitaire. Toute volonté d'inscrire une idée de la justice ou de l'égalité tourne au pire. Toute volonté collective du Bien fait le Mal [6].

Or, cette sophistique est dévastatrice. Car s'il ne s'agit que de faire valoir, contre un Mal reconnu *a priori*, l'engagement éthique, d'où procédera qu'on envisage une transformation quelconque de ce qui est ? Où l'homme puisera-t-il la force d'être l'immortel qu'il est ? Quel sera le destin de la pensée, dont on sait bien qu'elle est invention affirmative, ou qu'elle n'est pas ? En réalité, le prix payé par l'éthique est un *conservatisme* épais. La conception éthique de l'homme, outre qu'elle est en fin de compte soit biologique (images

6. André Glucksmann, *Les Maîtres Penseurs*, Grasset, 1977. Glucksmann est celui qui a le plus insisté sur la priorité absolue de la conscience du Mal, et sur l'idée que le primat catastrophique du Bien était une création de la philosophie. L'idéologie « éthique » a ainsi une part de ses racines chez les « nouveaux philosophes » de la fin des années 70.

des victimes), soit « occidentale » (contentement du bienfaiteur armé), interdit toute vision positive large des possibles. Ce qui nous est ici vanté, ce que l'éthique légitime, est en réalité la conservation, par le prétendu « Occident », de ce qu'il possède. C'est assise sur cette possession (possession matérielle, mais aussi possession de son être) que l'éthique détermine le Mal comme, d'une certaine manière, ce qui n'est pas ce dont elle jouit. Or *l'Homme, comme immortel, se soutient de l'incalculable et de l'impossédé. Il se soutient du non-étant.* Prétendre lui interdire de se représenter le Bien, d'y ordonner ses pouvoirs collectifs, de travailler à l'avènement de possibles insoupçonnés, de penser ce qui peut être, en rupture radicale avec ce qui est, c'est lui interdire, tout simplement, l'humanité elle-même.

3) Enfin, par sa détermination négative et *a priori* du Mal l'éthique s'interdit de penser la singularité des situations, ce qui est le début obligé de toute action proprement humaine. Ainsi, le médecin rallié à l'idéologie « éthique » méditera en réunion et commission toutes sortes de considérations sur « les malades », considérés exactement comme l'est, par le partisan des droits de l'homme, la foule indistincte des victimes : totalité « humaine » de réels sous-hommes. Mais le même médecin ne verra nul inconvénient à ce que *cette* personne ne soit pas soignée à l'hôpital, et avec tous les moyens nécessaires, parce qu'elle est sans papiers, ou non immatriculée à la Sécurité sociale. Responsabilité « collective », encore une fois, oblige ! Ce qui est ici raturé, c'est qu'il n'y a qu'une seule situation médicale : la situation clinique[7], et qu'il n'y a besoin de nulle « éthique » (mais seulement d'une vision claire de *cette* situation) pour savoir qu'en la circonstance le

7. Cécile Winter, *Qu'en est-il de l'historicité actuelle de la clinique ?* (à partir d'une méditation de Foucault). À paraître. Ce texte manifeste, de la façon la plus rigoureuse qui soit, la volonté pensante de reformuler, dans les conditions actuelles de la médecine, l'exigence clinique comme seul référent.

médecin n'est médecin que s'il traite la situation sous la règle du possible maximal : soigner cette personne *qui le lui demande* (pas d'ingérence, ici !) jusqu'au bout, avec tout ce qu'il sait, tous les moyens dont il sait qu'ils existent, et sans rien considérer d'autre. Et si on veut lui interdire de soigner pour cause de budget de l'État, de statistique de la morbidité ou de lois sur les flux migratoires, qu'on lui envoie la gendarmerie ! Encore son strict devoir hippocratique serait-il de lui tirer dessus. Les « commissions d'éthique » et autres ruminations sur les « dépenses de santé » et la « responsabilité gestionnaire », étant radicalement extérieures à l'unique situation proprement médicale, ne peuvent en réalité qu'interdire qu'on lui soit *fidèle.* Car lui être fidèle voudrait dire : traiter le possible de cette situation *jusqu'au bout.* Ou, si l'on veut, faire advenir, dans la mesure du possible, ce que cette situation contient d'humanité affirmative, soit : tenter d'être l'immortel de cette situation.

En fait, la médecine bureaucratique sous idéologie éthique a besoin « des malades » comme victimes indistinctes ou statistiques, mais est rapidement encombrée par toute situation effective et singulière de demande. De là que la médecine « gestionnaire », « responsable » et « éthique » en est réduite à l'abjection de décider quels malades le « système de santé français » peut soigner, et lesquels il doit renvoyer, puisque le Budget et l'opinion l'exigent, mourir dans les faubourgs de Kinshasa.

4. *Quelques principes*

Il faut rejeter le dispositif idéologique de l'« éthique », ne rien concéder à la définition négative et victimaire de l'homme. Ce dispositif identifie l'homme à un simple animal mortel, il est le symptôme d'un inquiétant conservatisme, et, par sa généralité abstraite et statistique, interdit de penser la singularité des situations.

On lui opposera trois thèses :
– *Thèse 1* : L'Homme s'identifie par sa pensée affirmative, par les vérités singulières dont il est capable, par l'Immortel qui fait de lui le plus résistant et le plus paradoxal des animaux.
– *Thèse 2* : C'est à partir de la capacité positive au Bien, donc au traitement élargi des possibles et au refus du conservatisme, fût-il la conservation de l'être, qu'on détermine le Mal, et non inversement.
– *Thèse 3* : Toute humanité s'enracine dans l'identification en pensée de situations singulières. Il n'y a pas d'éthique en général. Il n'y a – éventuellement – qu'éthique de processus par lesquels on traite les possibles d'une situation.

Mais surgit alors l'homme de l'éthique raffinée, qui murmure : « Contre-sens ! Contre-sens depuis le début. L'éthique ne se fonde nullement sur l'identité du Sujet, pas même son identité comme victime reconnue. Dès le principe, l'éthique est éthique *de l'autre*, elle est ouverture principale à l'autre, elle subordonne l'identité à la différence. »

Examinons cette piste. Mesurons sa nouveauté.

II

L'AUTRE EXISTE-T-IL ?

Le départ de la vision de l'éthique comme « éthique de l'autre », ou « éthique de la différence », se prend dans les thèses d'Emmanuel Lévinas plutôt que dans celles de Kant.

Lévinas a consacré son œuvre, après un parcours phénoménologique (confrontation exemplaire entre Husserl et Heidegger), à destituer la philosophie au profit de l'éthique. C'est à lui que nous devons, bien avant la mode du jour, une sorte de radicalisme éthique[8].

1. *L'éthique au sens de Lévinas*

Schématiquement : Lévinas tient que, captive de son origine grecque, la métaphysique a ordonné la pensée à la logique du Même, au primat de la substance et de l'identité. Mais, selon lui, il est impossible de rejoindre une pensée authentique de l'Autre (et donc une éthique du lien à autrui) à partir du despotisme du Même, incapable de reconnaître cet Autre. La dialectique du Même et de l'Autre, envisagée « ontologiquement » sous le primat de l'identité-à-soi, organise l'absence de l'Autre dans la pensée effective, supprime toute véritable *expérience* d'autrui, et barre le chemin d'une ouverture éthique à l'altérité. Il faut donc basculer

8. Emmanuel Lévinas, *Totalité et infini*, La Haye, 1961. Il s'agit là de son maître ouvrage.

la pensée vers une origine différente, une origine non grecque, qui propose une ouverture radicale et première à l'Autre, ontologiquement antérieure à la construction de l'identité. C'est dans la tradition judaïque que Lévinas trouve le point d'appui d'un tel basculement. Ce que nomme la Loi (au sens à la fois immémorial et effectif que prend la Loi juive) est précisément l'antériorité, fondée dans l'être-avant-le-Même, de l'éthique du rapport à l'Autre sur la pensée théorique, conçue, elle, comme repérage « objectif » des régularités et des identités. La Loi en effet ne me dit pas ce qui est, mais ce qu'impose l'existence des autres. On pourrait opposer la Loi (de l'Autre) aux lois (du réel).

Pour la pensée grecque, agir de façon adéquate suppose d'abord une maîtrise théorique de l'expérience, pour que l'action soit conforme à la rationalité de l'être. À partir de quoi il y a *des* lois de la Cité et de l'action. Pour l'éthique juive, au sens de Lévinas, tout s'enracine dans l'immédiateté d'une ouverture à l'Autre qui destitue le sujet réflexif. Le « tu » l'emporte sur le « je ». Et c'est tout le sens de *la* Loi.

Lévinas propose toute une série de thèmes phénoménologiques où s'expérimente l'originalité de l'Autre, au centre desquels se trouve celui du visage, de la donation singulière et « en personne » de l'Autre par son épiphanie charnelle, qui n'est pas l'épreuve d'une reconnaissance mimétique (l'Autre comme « semblable », *identique* à moi), mais au contraire ce à partir de quoi je m'éprouve éthiquement comme « voué » à l'Autre en tant qu'apparaître, et subordonné dans mon être à cette vocation.

L'éthique est pour Lévinas *le nouveau nom de la pensée*, celle qui a basculé sa capture « logique » (le principe d'identité) vers sa soumission prophétique à la Loi de l'altérité fondatrice.

2. *L'« éthique de la différence »*

En le sachant ou sans le savoir, c'est au nom de ce dispositif qu'on nous explique aujourd'hui que l'éthique est « reconnaissance de l'autre » (contre le racisme, qui nierait cet autre), ou « éthique des différences » (contre le nationalisme substantialiste, qui voudrait l'exclusion des immigrés, ou le sexisme, qui nierait l'être-féminin), ou « multiculturalisme » (contre l'imposition d'un modèle unifié de comportement et d'intellectualité). Ou tout simplement, la bonne vieille « tolérance », qui consiste à ne pas s'offusquer que d'autres pensent et agissent autrement que vous ne le faites.

Ce discours de bon sens n'a ni force ni vérité. Il est vaincu d'avance dans la compétition qu'il déclare entre « tolérance » et « fanatisme », entre « éthique de la différence » et « racisme », entre « reconnaissance de l'autre » et « crispation identitaire ».

Pour l'honneur de la philosophie, il est tout d'abord nécessaire de convenir que cette idéologie du « droit à la différence », ou ce catéchisme contemporain de la bonne volonté à l'égard des « autres cultures », sont singulièrement éloignés des conceptions véritables de Lévinas.

3. *De l'Autre au Tout-Autre*

L'objection capitale – mais aussi bien superficielle – qu'on pourrait faire à l'éthique (au sens de Lévinas) est la suivante : qu'est-ce qui *avère* l'originalité de mon dé-vouement à l'Autre ? Les analyses phénoménologiques du visage, de la caresse, de l'amour, ne peuvent fonder à elles seules la thèse anti-ontologique (ou anti-identitaire) de l'auteur de *Totalité et infini.* Une conception « mimétique », qui origine l'accès à l'autre dans ma propre image redoublée, éclaire aussi bien ce qu'il y a d'oubli de soi-même dans la saisie de cet autre : ce que je chéris est ce moi-même-à-distance qui, justement parce qu'il est « objectivé » pour ma conscience, me construit comme donnée stable, comme intériorité donnée *dans son extériorité.* La psychanalyse explique brillamment comment cette construction du Moi dans l'identification à l'autre – cet effet de miroir[9] – combine le narcissisme (je me complais dans l'extériorité de l'autre en tant que moi-même à moi-même visible) et l'agressivité (j'investis sur l'autre ma propre pulsion de mort, mon désir archaïque d'auto-destruction).

Cependant, nous sommes au plus loin de ce que veut nous transmettre Lévinas. Comme toujours, la pure analyse de l'apparaître phénoménal ne peut trancher entre des orientations divergentes.

Il faut en outre l'explicitation d'axiomes de la pensée qui *décident* une orientation.

La difficulté, qui est aussi le point d'application de tels axiomes, peut se dire ainsi : le primat éthique de l'Autre sur le Même exige que l'expérience de l'altérité soit ontologiquement « garantie » comme expérience d'une distance, ou d'une non-identité essentielle, dont le *franchissement* est l'expérience éthique elle-même. Or rien dans le simple phénomène d'autrui ne contient une telle garantie. Et cela tout simplement parce qu'il est certain que la finitude de l'apparaître d'autrui *peut* s'investir comme ressemblance, ou comme imitation, et ainsi reconduire à la logique du Même. Autrui me ressemble toujours trop pour que soit *nécessaire* l'hypothèse d'une ouverture originaire à son altérité.

Il faut donc que le phénomène d'autrui (son visage) soit l'attestation d'une altérité radicale que cependant il ne contient pas à lui seul. Il faut que l'Autre, tel qu'il m'apparaît dans le fini, soit l'épiphanie d'une distance à l'autre proprement infinie, dont le franchissement est l'expérience éthique originaire.

9. Jacques Lacan, « Le Stade du miroir » in *Écrits*, Seuil, 1966.

Ce qui veut dire que l'intelligibilité de l'éthique impose que l'Autre soit en quelque manière *porté par un principe d'altérité* qui transcende la simple expérience finie. Ce principe, Lévinas l'appelle : le « Tout-Autre », et il est bien évidemment le nom éthique de Dieu. Il n'y a l'Autre qu'autant qu'il est le phénomène immédiat du Tout-Autre. Il n'y a le dévouement fini au non-identique qu'autant qu'il y a le dévouement infini du principe à ce qui subsiste hors de lui. Il n'y a l'éthique qu'autant qu'il y a l'indicible Dieu.

Dans l'entreprise de Lévinas, le primat de l'éthique de l'Autre sur l'ontologie théorique du même est entièrement conjoint à un axiome religieux, et c'est offenser le mouvement intime de cette pensée, sa rigueur subjective, que de croire qu'on peut séparer ce qu'elle unit. Au vrai, il n'y a pas de philosophie de Lévinas. Ce n'est même plus la philosophie « servante » de la théologie : c'est la philosophie (au sens grec du mot) *annulée* par la théologie, laquelle du reste n'est pas une théo-logie (nomination encore trop grecque, et qui suppose l'approche du divin par l'identité et les prédicats du Dieu), mais, justement, une éthique.

Cependant, que l'éthique soit le nom ultime du religieux comme tel (de ce qui re-lie à l'Autre sous l'autorité indicible du Tout-Autre) l'éloigne encore plus complètement de tout ce qui se laisse supposer sous le nom de « philosophie ».

Disons-le crûment : ce que l'entreprise de Lévinas nous rappelle avec une obstination singulière, c'est que toute tentative de faire de l'éthique ce qui est au principe du pensable et de l'agir est d'essence religieuse. Disons que Lévinas est le penseur cohérent et inventif d'une donnée qu'aucun exercice académique de voilement ou d'abstraction ne peut faire oublier : sortie de son usage grec (où elle est clairement subordonnée au théorique), et prise en général, l'éthique est une catégorie du discours pieux.

4. *L'éthique comme religion décomposée*

Que peut donc devenir cette catégorie si on prétend supprimer, ou masquer, sa valeur religieuse, tout en conservant le dispositif abstrait de sa constitution apparente (« reconnaissance de l'autre », etc.) ? La réponse est claire : de la bouillie pour les chats. Du discours pieux sans piété, du supplément d'âme pour gouvernements incapables, de la sociologie culturelle substituée, pour les besoins de la prédication, à feu la lutte des classes.

Un premier soupçon nous gagne quand nous considérons que les apôtres affichés de l'éthique et du « droit à la différence » sont visiblement *horrifiés par toute différence un peu soutenue.* Car pour eux, les coutumes africaines sont barbares, les islamistes affreux, les Chinois totalitaires, et ainsi de suite. En vérité, ce fameux « autre » n'est présentable que s'il est un *bon* autre, c'est-à-dire quoi, sinon *le même que nous* ? Respect des différences, bien sûr ! Mais sous réserve que le différent soit démocrate-parlementaire, partisan de l'économie de marché, support de la liberté d'opinion, féministe, écologiste...Ce qui se dira aussi : je respecte les différences, pour autant bien sûr que ce qui diffère respecte exactement comme moi lesdites différences. De même qu'« il n'y a pas de liberté pour les ennemis de la liberté », de même il n'y pas de respect pour celui dont la différence consiste précisément à ne pas respecter les différences. Il n'y a qu'à voir la hargne obsessionnelle des partisans de l'éthique à l'endroit de tout ce qui ressemble à un musulman « intégriste ».

Le problème est que le « respect des différences », l'éthique des droits de l'homme semblent bien définir une *identité* ! Et que dès lors, respecter les différences ne s'applique qu'autant qu'elles sont raisonnablement homogènes à cette identité (laquelle n'est après tout que celle d'un « Occident » riche, mais visiblement crépusculaire). Même les immigrés de ce pays ne sont, aux yeux du partisan de l'éthique, convenablement différents que s'ils sont « intégrés », s'ils veulent l'intégration (ce qui, à y regarder de près, semble vouloir dire : s'ils désirent *supprimer* leur différence). Il se pourrait bien que, détachée de la prédication religieuse qui lui conférait au moins l'ampleur d'une identité « révélée », l'idéologie éthique ne soit que le dernier mot du civilisé conquérant : « Deviens comme moi, et je respecterai ta différence. »

5. *Retour au Même*

La vérité est que, sur le terrain d'une pensée a-religieuse, et réellement contemporaine des vérités de ce temps, toute la prédication éthique sur l'autre et sa « reconnaissance » doit être purement et simplement abandonnée. Car la vraie question, extraordinairement difficile, est bien plutôt celle *de la reconnaissance du Même.*

Posons nos propre axiomes. Il n'y a nul Dieu. Ce qui se dira aussi : l'Un n'est pas. Le multiple « sans Un » – tout multiple n'étant jamais à son tour que multiple de multiples – est la loi de l'être. Le seul point d'arrêt est le vide. L'infini, comme déjà le savait Pascal, est la banalité de toute situation, et non le prédicat d'une transcendance. Car l'infini, comme l'a montré Cantor avec la création de la théorie des ensembles, n'est en effet que la forme la plus générale de l'être-multiple. En fait, toute *situation*, en tant qu'elle est, est un multiple composé d'une infinité d'éléments, dont chacun est lui-même un multiple. Considérés dans leur simple appartenance à une situation (à un multiple infini), les animaux de l'espèce *Homo sapiens* sont des multiplicités ordinaires.

Que faut-il alors penser de l'autre, des différences, de leur reconnaissance éthique ?

L'altérité infinie est tout simplement *ce qu'il y a.* N'importe quelle expérience est déploiement à l'infini de différences infinies. Même la prétendue expérience réflexive de moi-même est, non pas du tout l'intuition d'une unité, mais un labyrinthe de différenciations, et Rimbaud n'avait certes pas tort de déclarer : « *Je* est un autre ». Il y a autant de différence entre, disons, un paysan chinois et un jeune cadre norvégien qu'entre moi-même et n'importe qui – y compris moi-même.

Autant, mais donc aussi *ni plus ni moins.*

6. *Différences « culturelles » et culturalisme*

L'éthique contemporaine mène grand tapage sur les différences « culturelles ». Sa conception de « l'autre » vise essentiellement ce type de différences. La coexistence tranquille des « communautés » culturelles, religieuses, nationales, etc., le refus de « l'exclusion », est son grand idéal.

Ce qu'il faut bien plutôt soutenir est que ces différences n'ont aucun intérêt pour la pensée, qu'elles ne sont que l'évidente multiplicité infinie de l'espèce humaine, laquelle est tout aussi flagrante entre moi et mon cousin de Lyon qu'entre la « communauté » chiite d'Irak et les gras cow-boys du Texas.

Le soubassement objectif (ou historien) de l'éthique contemporaine est le culturalisme, la fascination véritablement touristique pour le multiple des mœurs, des coutumes, des croyances. Et tout spécialement pour l'inévitable bigarrure des formations imaginaires (religions, représentations sexuelles, formes d'incarnation de l'autorité...) Oui, l'essentiel de « l'objectivité » éthique tient à une sociologie vulgaire, directement héritée de l'étonnement colonial devant les sauvages, étant entendu que les sauvages sont aussi parmi nous (drogués des banlieues, communautés de croyance, sectes : tout l'attirail journalistique de la menaçante altérité intérieure), à quoi l'éthique, sans changer de dispositif d'investigation, oppose *sa* « reconnaissance » et *ses* travailleurs sociaux.

Contre ces descriptions futiles (tout ce qu'on nous raconte là est de la réalité à la fois évidente et par elle-même inconsistante), la pensée véritable doit affirmer ceci : les différences étant ce qu'il y a, et toute vérité étant venir-à-l'être de ce qui n'est pas encore, les différences sont précisément ce que toute vérité *dépose*, ou fait apparaître comme insignifiant. Aucune situation concrète ne se laisse éclairer par le motif de la « reconnaissance de l'autre ». Il y a, dans toute configuration collective moderne, des gens de partout, qui mangent différent, parlent plusieurs idiomes, portent divers chapeaux, pratiquent différents rites, ont des rapports compliqués et variables à la chose sexuelle, aiment l'autorité ou le désordre, et ainsi va le monde.

7. *Du Même aux vérités*

Philosophiquement, si l'autre est indifférent, c'est bien que la difficulté est du côté du Même. Le Même, en effet, n'est pas ce qui est (soit le multiple infini des différences), mais ce qui *advient*. Nous avons déjà donné le nom de ce au regard de quoi il n'y a que la venue du Même : c'est une *vérité*. Seule une vérité est, comme telle, *indifférente aux différences*. On le sait depuis toujours, même si les sophistes de toutes les époques s'acharnent à obscurcir cette certitude : une vérité est *la même pour tous*.

Ce qui doit être postulé en chacun, et que nous avons nommé son « être d'immortel », n'est certes pas ce que recouvrent les différences « culturelles », aussi massives qu'insignifiantes. C'est sa capacité au vrai, soit à être *ce même qu'une vérité convoque à sa propre « mêmeté »*. Soit, selon les circonstances, sa capacité aux sciences, à l'amour, à la politique, ou à l'art, puisque tels sont les noms universels sous lesquels, selon nous, se présentent les vérités.

C'est par une véritable perversion, dont le prix sera historiquement terrible, que l'on a cru pouvoir adosser une « éthique » au relativisme culturel. Car c'est prétendre qu'un simple état contingent des choses puisse être au fondement d'une Loi.

Il n'y a d'éthique que *des* vérités. Ou plus précisément : il n'y a que l'éthique des processus de vérité, du labeur qui fait advenir en ce monde *quelques* vérités. L'éthique doit se prendre au sens supposé par Lacan quand il parle, s'opposant ainsi à Kant et au motif d'une morale générale, d'éthique *de* la psychanalyse. L'éthique n'existe pas. Il n'y a que l'éthique-*de* (de la politique, de l'amour, de la science, de l'art).

Il n'y a pas en effet un seul Sujet, mais autant de sujets qu'il y a de vérités, et autant de types subjectifs qu'il y a de procédures de vérité.

Nous repérons, quant à nous, quatre « types » fondamentaux : politique, scientifique, artistique et amoureux.

Chaque animal humain, en participant à telle vérité singulière, s'inscrit dans un des quatre types subjectifs.

Une philosophie se propose de construire un *lieu de pensée* où les différents types subjectifs, donnés dans les vérités singulières de son temps, coexistent. Mais cette coexistence n'est pas une unification, et c'est pourquoi il est impossible de parler d'*une* Éthique.

III

L'ÉTHIQUE, FIGURE DU NIHILISME

Qu'on la détermine comme représentation consensuelle du Mal ou comme souci de l'autre, l'éthique désigne avant tout l'incapacité, caractéristique du monde contemporain, à nommer et à vouloir un Bien. Il faut même aller plus loin : le règne de l'éthique fait symptôme pour un univers que domine une singulière combinaison de résignation au nécessaire et de volonté purement négative, voire destructrice. C'est cette combinaison qu'il faut désigner comme nihilisme.

Nietzsche a fort bien montré que l'humanité préfère vouloir le rien plutôt que ne rien vouloir. On réservera le nom de nihilisme à cette volonté de néant, qui est comme la doublure d'une nécessité aveugle.

1. *L'éthique comme servante de la nécessité*

Le nom moderne de la nécessité est, on le sait, « économie ». L'objectivité économique – qu'il faut appeler par son nom : la logique du Capital – est ce à partir de quoi nos régimes parlementaires organisent une opinion et une subjectivité d'avance contraintes à entériner le nécessaire. Le chômage, l'anarchie productive, les inégalités, la complète dévalorisation du travail manuel, la persécution des étrangers : tout cela enchaîne un consensus dégradé, autour d'un état des choses aussi aléatoire que le temps qu'il fait (la « science » économique est encore plus incertaine dans ses prévisions que la météorologie), mais dont il y a lieu de constater l'inflexible et interminable contrainte externe.

La politique parlementaire, telle qu'elle est aujourd'hui pratiquée, ne consiste nullement à fixer des objectifs relevant de quelques principes, et à se donner les moyens de les atteindre. Elle consiste à transformer en opinion consensuelle résignée (quoiqu'évidemment instable) le spectacle de l'économie. Par elle-même, l'économie n'est ni bonne ni mauvaise, elle n'est le lieu d'aucune valeur (sinon la valeur marchande, et l'argent comme équivalent général). Elle « va » plus ou moins bien. La politique est le moment subjectif, ou valorisant, de cette extériorité neutre. Car les possibles dont elle prétend organiser le mouvement sont en réalité d'avance circonscrits et annulés par la neutralité externe du référent économique. De sorte que la subjectivité générale est inévitablement renvoyée à une sorte d'impuissance hargneuse, dont élections et « petites phrases » des chefs de partis meublent la vacuité.

Dès ce premier moment de constitution de la subjectivité contemporaine (en termes d'« opinion publique »), l'éthique joue son rôle d'accompagnement. Car elle entérine d'emblée l'absence de tout projet, de toute politique d'émancipation, de toute cause collective véritable. En barrant la route, au nom du Mal et des droits de l'homme, à la prescription positive des possibles, au Bien comme surhumanité de l'humanité, à l'Immortel comme maître du temps, elle accepte le jeu du nécessaire comme socle objectif de tous les jugements de valeur.

La fameuse « fin des idéologies », que partout l'on proclame comme la bonne nouvelle qui façonne le « retour de l'éthique », signifie dans les faits le ralliement aux chicanes de la nécessité et un appauvrissement extraordinaire de la valeur active, militante, des principes.

L'idée même d'une « éthique » consensuelle, qui part du sentiment général provoqué par la vision des atrocités, et remplace les « vieilles divisions idéologiques », est un puissant facteur de résignation subjective et de consentement à ce qu'il y a. Car le propre de tout projet émancipateur, de toute émergence d'une possibilité inouïe, est de diviser les consciences. Comment en effet l'incalculable d'une vérité, sa nouveauté, la trouée qu'elle opère dans les savoirs établis, pourraient-ils s'inscrire dans une situation sans y rencontrer des adversaires résolus ? Précisément parce qu'une vérité, dans son invention, est la seule chose qui soit *pour tous*, elle ne s'effectue réellement que *contre* les opinions dominantes, lesquelles travaillent toujours, non pour tous, mais pour quelques-uns. Et ces quelques-uns disposent de leur position, de leurs capitaux, de leurs instruments médiatiques, certes. Mais surtout, ils ont la puissance inerte de la réalité et du temps, contre ce qui n'est jamais, comme toute vérité, que l'avènement hasardeux, précaire, d'une possibilité de l'Intemporel. Comme le disait Mao Tsé-toung avec sa simplicité coutumière : « Si vous avez une idée, il faudra que un se divise en deux. » Or l'éthique se présente explicitement comme le supplément d'âme du consensus. La « division en deux » lui fait horreur (c'est de l'idéologie, du passéisme...) Elle fait donc partie de ce qui interdit toute idée, tout projet de pensée cohérent, et se contente de plaquer sur des situations impensées et anonymes le bavardage humanitaire (lequel, nous l'avons dit, ne contient lui-même aucune idée positive de l'humanité).

Et de même, le « souci de l'autre » signifie qu'il ne s'agit pas, qu'il ne s'agit jamais, de prescrire à *notre* situation, et finalement à nous-mêmes, des possibles encore inexplorés. La Loi (les droits de l'homme, etc.) est toujours *déjà là*. Elle règle des jugements et des opinions sur ce qui se passe de néfaste dans un ailleurs variable. Mais il n'est pas question de remonter jusqu'au fondement de cette « Loi », jusqu'à l'identité conservatrice qui la soutient.

Comme chacun le sait, la France, qui a sous Vichy voté une loi sur le statut des juifs, et qui en ce moment même vote des lois d'identification raciale, sous le nom d'« immigré clandestin », d'un supposé ennemi intérieur, la France qui est subjectivement dominée par la peur et l'impuissance, est un « îlot de droit et de liberté ». L'éthique est l'idéologie de cette insularité, et c'est pourquoi elle valorise, de par le monde, avec la fatuité de « l'ingérence », les canonnières du Droit. Mais ce faisant, propageant partout *à l'intérieur* la morgue et le contentement craintif de soi, elle stérilise tout rassemblement collectif autour d'une pensée forte de ce qui peut (et donc doit) être fait *ici et maintenant*. En quoi derechef elle n'est qu'une variante du consensus conservateur.

Ce qu'il faut cependant bien voir est que la résignation aux nécessités (économiques) n'est ni la seule, ni la pire, des composantes de l'esprit public que l'éthique vient cimenter. Car la maxime de Nietzsche nous impose de considérer que tout non-vouloir (toute impuissance) est travaillé par la volonté de néant, dont l'autre nom est : pulsion de mort.

2. *L'éthique comme maîtrise « occidentale » de la mort*

On devrait être plus frappé qu'on ne l'est en général par une notation qui revient constamment dans tous les articles et commentaires consacrés à la guerre dans l'ex-Yougoslavie : on y remarque, avec une sorte d'excitation subjective, de pathétique ornemental, que ces atrocités se passent « à deux heures d'avion de Paris ». Les auteurs de ces textes se réclament naturellement tous des droits de l'homme, de l'éthique, de l'ingérence humanitaire, du fait que le Mal (qu'on croyait exorcisé avec la chute des « totalitarismes ») opère un terrible retour. Mais du coup, la notation semble saugrenue : s'il s'agit des principes éthiques, de l'essence victimaire de l'Homme, du fait que « les droits sont universels et imprescriptibles », que nous importe la durée du voyage en avion ? La « reconnaissance de l'autre » serait-elle d'autant plus intense que j'ai cet autre, en quelque sorte, presque sous la main ?

Dans ce *pathos* du proche, on devine le tremblement équivoque, à mi-distance de la peur et de la jouissance, de percevoir l'horreur et la destruction, la guerre et le cynisme, *enfin tout près de nous.* L'idéologie éthique dispose, presque à la porte du sûr abri civilisé, de la combinaison révoltante et délicieuse d'un Autre confus (Croates, Serbes, et ces énigmatiques « musulmans » de Bosnie) et d'un Mal avéré. Les *aliments* de l'éthique nous sont servis à domicile par l'Histoire.

L'éthique s'alimente trop du Mal et de l'Autre pour ne pas jouir en silence (silence qui est l'envers abject de son bavardage) de les voir *de près.* Car le noyau de maîtrise interne à l'éthique est toujours d'avoir à décider qui meurt et qui ne meurt pas.

L'éthique est nihiliste parce que sa conviction sous-jacente est que *la seule chose qui puisse vraiment arriver à l'homme est la mort.* Et c'est en effet vrai, *pour autant* qu'on nie les vérités, qu'on récuse l'immortelle disjonction qu'elles opèrent dans une situation quelconque. Entre l'Homme comme support possible de l'aléa des vérités, ou l'Homme comme être-pour-la-mort (ou pour-le-bonheur : c'est la même chose), il faut choisir. Ce choix est aussi bien celui qui opère entre philosophie et « éthique », ou entre le courage des vérités et le sentiment nihiliste.

3. *Bio-éthique*

C'est sans doute ce qui éclaire le choix privilégié que fait l'éthique, parmi les « questions de société » dont notre quotidien se régale – d'autant plus qu'aucune d'entre elles n'a le moindre sens –, du sempiternel débat sur l'euthanasie.

Le mot *euthanasie* pose en clair la question : « Quand et comment, au nom de notre idée du bonheur, peut-on tuer quelqu'un ? » Il nomme le noyau stable à partir de quoi opère le sentiment éthique. On sait quel usage constant la « pensée » éthique fait de la « dignité humaine ». Mais la combinaison de l'être-pour-la-mort et de la dignité construit précisément l'idée de la « mort digne ».

Commissions, presse, magistrats, politiciens, prêtres, médecins, discutent d'une définition éthique, sanctionnée par la loi, de la mort dignement *administrée.*

Et certes, la souffrance, la déchéance, ne sont pas « dignes », ne sont pas conformes à l'image lisse, jeune, bien nourrie, que nous nous faisons de l'Homme et de ses droits. Qui ne voit que le « débat » sur l'euthanasie désigne surtout le défaut radical de symbolisation où se trouvent aujourd'hui la vieillesse et la mort ? Le caractère insupportable de leur vision *pour les vivants* ? L'éthique est ici à la jointure de deux pulsions qui ne sont qu'apparemment contradictoires : définissant l'Homme par le non-Mal, donc par le « bonheur » et la vie, elle est à la fois fascinée par la mort et incapable de l'inscrire dans la pensée. Le solde de cette balance est la transformation de la mort elle-même en un spectacle aussi discret que possible, en une disparition dont les vivants ont le droit d'espérer qu'elle ne dérogera pas à leurs habitudes, irréelles, de satisfaction sans concept. Le discours éthique est donc à la fois fataliste et résolument non-tragique : il « laisse faire » la mort, sans lui opposer l'Immortel d'une résistance.

Notons, car ce sont des faits, que « bio-éthique » et obsession d'État de l'euthanasie ont explicitement été des catégories du nazisme. Au fond, le nazisme était de part en part une éthique de la Vie. Il avait son propre concept de la « vie digne », et assumait implacablement la nécessité de mettre fin aux vies indignes. Le nazisme a isolé et porté à son comble le noyau nihiliste de la disposition « éthique » dès qu'elle a les moyens politiques d'être autre chose qu'un bavardage. À cet égard, l'apparition dans nos pays de grandes commissions d'État chargées de la « bio-éthique » est de mauvais augure. On poussera des hauts cris. On dira que justement, c'est au regard de l'horreur nazie qu'il est nécessaire de légiférer pour défendre le droit à la vie et à la dignité, dès lors que l'impétueuse poussée des sciences met entre nos mains de quoi pratiquer toutes sortes de manipulations génétiques. Ces cris ne doivent pas nous impressionner. Il faut maintenir avec force que la nécessité de telles commissions d'État et de telles législations indique que, dans les consciences et dans la configuration des esprits, la problématique reste essentiellement suspecte. L'accolement de « éthique » et de « bio » est *par lui-même* menaçant. Tout de même que l'est la similitude des préfixes entre l'*eu*génisme (honni) et l'*eu*thanasie (respectable). Une doctrine hédoniste du « bien-mourir » ne fera pas barrage à la puissante aspiration, elle vraiment mortifère, au « bien-générer », instance évidente du « bien-vivre ».

Le fond du problème est que, d'une certaine façon, toute définition de l'Homme à partir du bonheur est nihiliste. On voit bien que les barricades érigées aux portes de notre prospérité maladive, ont pour répondant interne, contre la pulsion nihiliste, le dérisoire et complice barrage des commissions éthiques.

Quand un premier ministre, chantre politique d'une éthique de la cité, déclare que la France « ne peut accueillir toute la misère du monde », il se garde bien de nous dire selon quels critères, et avec quelles méthodes, on va discerner la partie de ladite misère qu'on accueille de celle qu'on priera, sans doute dans les centres de rétention, de regagner son lieu de mort, afin que nous puissions jouir de nos richesses impartagées – lesquelles, comme on sait, conditionnent à la fois notre bonheur et notre « éthique ». Et de même, il est certainement impossible de stabiliser les critères « responsables », et bien évidemment « collectifs », au nom desquels les commissions de bio-éthique vont faire le départ entre eugénisme et euthanasie, entre l'amélioration scientifique de l'homme blanc et de son bonheur, et la liquidation « dans la dignité » des monstres, des souffrances et des spectacles gênants.

Le hasard, les circonstances de la vie, le dédale des consciences, combinés à un traitement rigoureux, et sans exception, de la situation clinique, valent mille fois mieux que la pompeuse et médiatique réquisition des instances de la bio-éthique, dont le terrain d'exercice, et jusqu'au nom, ne sentent pas très bon.

4. *Le nihilisme éthique entre le conservatisme et la pulsion de mort*

Considérée comme figure du nihilisme, renforcée par le fait que nos sociétés sont sans avenir universellement présentable, l'éthique oscille entre deux désirs appariés : un désir conservateur, qui voudrait que soit partout reconnue la légitimité de l'ordre propre à notre site « occidental », imbrication d'une économie objective sauvage et d'un discours du droit ; et un désir mortifère, qui promeut et voile, du même geste, une intégrale maîtrise de la vie, ce qui veut aussi bien dire : voue *ce qui est* à la maîtrise « occidentale » de la mort.

C'est pourquoi l'éthique serait mieux nommée – puisqu'elle parle grec – une « eu-oudénose », un nihilisme béat.

Contre quoi on ne peut dresser que ce dont le mode d'être est de ne pas être encore, mais dont notre pensée se déclare capable.

Chaque époque – et aucune finalement ne vaut mieux qu'aucune autre – a sa propre figure nihiliste. Les noms changent, mais on retrouve toujours sous ces noms (« éthique » par exemple), l'articulation d'une propagande conservatrice et d'un obscur désir de catastrophe.

Ce n'est qu'en déclarant vouloir ce que le conservatisme décrète impossible, et en affirmant les vérités contre le désir de néant, qu'on s'arrache au nihilisme. La possibilité de l'impossible, que toute rencontre amoureuse, toute re-fondation scientifique, toute invention artistique et toute séquence de la politique d'émancipation mettent sous nos yeux, est l'unique principe – contre l'éthique du bien-vivre dont le contenu réel est de décider la mort – d'une éthique des vérités.

IV

L'ÉTHIQUE DES VÉRITÉS

C'est une lourde tâche, pour le philosophe, d'arracher les noms à ce qui en prostitue l'usage. Déjà Platon avait toutes les peines du monde à tenir ferme sur le mot *justice* contre l'usage chicanier et versatile qu'en faisaient les sophistes.

Tentons cependant, en dépit de tout ce qui précède, de conserver le mot *éthique*, puisqu'aussi bien, depuis Aristote, ceux qui en firent un usage raisonnable composent une longue et estimable lignée.

1. *Être, événement, vérité, sujet*

S'il n'y a pas d'éthique « en général », c'est que le Sujet abstrait fait défaut, qui aurait à s'en armer. Il n'y a qu'un animal particulier, convoqué par des circonstances à *devenir* sujet. Ou plutôt à entrer dans la composition d'un sujet. Ce qui veut dire que tout ce qu'il est, son corps, ses capacités, se trouve, à un moment donné, requis pour qu'une vérité fasse son chemin. C'est alors que l'animal humain est sommé d'être l'immortel qu'il n'était pas.

Que sont ces « circonstances » ? Ce sont les circonstances d'une vérité. Mais que faut-il entendre par là ? Il est clair que *ce qu'il y a* (les multiples, les différences infinies, les situations « objectives » : par exemple l'état ordinaire du rapport à autrui avant une rencontre amoureuse), ne peut définir une telle circonstance. Dans ce type d'objectivité, l'animal, universellement, se débrouille comme il peut. Il faut donc supposer que ce qui convoque à la composition d'un sujet est *en plus*, ou survient aux situations comme ce dont ces situations, et la manière usuelle de s'y comporter, ne peuvent rendre compte. Disons qu'un *sujet*, qui outrepasse l'animal (mais l'animal en est le seul support), exige qu'il se soit passé quelque chose, quelque chose d'irréductible à son inscription ordinaire dans « ce qu'il y a ». Ce *supplément*, appelons-le un *événement*, et distinguons l'être-multiple, où il n'est pas question de vérité (mais seulement d'opinions), de l'événement [10], qui nous contraint à décider une *nouvelle* manière d'être. De tels événements sont parfaitement attestés : la Révolution française de 1792, la rencontre d'Héloïse et d'Abélard, la création galiléenne de la physique, l'invention par Haydn du style musical classique... Mais aussi bien : la Révolution culturelle en Chine (1965-1967), une passion amoureuse personnelle, la création par le mathématicien Grothendieck de la théorie des Topos, l'invention par Schœnberg du dodécaphonisme...

De quelle « décision » s'origine alors le processus d'une vérité ? De la décision de se rapporter désormais à la situation *du point de vue du supplément événementiel*. Nommons cela une *fidélité*. Être fidèle à un événement, c'est se mouvoir dans la situation que cet événement a supplémenté, en *pensant* (mais toute pensée est une pratique, une mise à l'épreuve) la situation « selon » l'événement. Ce qui, bien entendu, puisque l'événement était en dehors de toutes les lois régulières de la situation, contraint à *inventer* une nouvelle manière d'être et d'agir dans la situation.

Il est clair que sous l'effet d'une rencontre amoureuse, et si je veux lui être fidèle *réellement*, je dois remanier de fond en comble ma manière ordinaire d'« habiter » ma situation. Si je veux être fidèle à l'événement « Révolution culturelle », je

10. Alain Badiou, *L'Être et l'événement*, Seuil, 1988. La théorie de l'événement exige en fait de longs détours conceptuels, qui sont déployés dans ce livre.

dois en tout cas pratiquer la politique (en particulier le rapport aux ouvriers) de façon entièrement différente de ce que propose la tradition socialiste et syndicaliste. Et de même, Berg et Webern, fidèles à l'événement musical qui a nom « Schœnberg », ne peuvent continuer comme si de rien n'était le néo-romantisme fin de siècle. Après les textes d'Einstein en 1905, si je suis fidèle à leur radicale nouveauté, je ne peux pas continuer à pratiquer la physique dans son cadre classique, etc. La fidélité événementielle est rupture réelle (pensée et pratiquée) dans l'ordre propre où l'événement a eu lieu (politique, amoureux, artistique, scientifique...)

On appelle « vérité » (*une* vérité) le processus réel d'une fidélité à un événement. Ce que cette fidélité *produit* dans la situation. Par exemple, la politique des maoïstes français entre 1966 et 1976, qui tente de penser et de pratiquer une fidélité à deux événements enchevêtrés : la Révolution culturelle en Chine, et Mai 68 en France. Ou la musique dite « contemporaine » (nom aussi admis que bizarre), qui est fidélité aux grands Viennois du début du siècle. Ou la géométrie algébrique dans les années cinquante et soixante, fidèle au concept d'Univers (au sens de Grothendieck), etc. Au fond, une vérité est le tracé matériel, dans la situation, de la supplémentation événementielle. C'est donc une *rupture immanente.* « Immanente », parce qu'une vérité procède *dans* la situation, et nulle part ailleurs. Il n'y a pas de Ciel des vérités. « Rupture » parce que ce qui rend possible le processus de vérité – l'événement – n'était pas dans les usages de la situation, ni ne se laissait penser par les savoirs établis.

On dira aussi qu'un processus de vérité est hétérogène aux savoirs institués de la situation. Ou, pour utiliser une expression de Lacan, qu'il est une « trouée » dans ces savoirs.

On appelle « sujet » le support d'une fidélité, donc le support d'un processus de vérité. Le sujet ne pré-existe donc nullement au processus. Il est absolument inexistant dans la situation « avant » l'événement. On dira que le processus de vérité *induit* un sujet.

Il faut ici prendre garde que « sujet », ainsi conçu, ne recouvre pas le sujet psychologique, ni même le sujet réflexif (au sens de Descartes) ou le sujet transcendantal (au sens de Kant). Par exemple, le sujet induit par la fidélité à une rencontre amoureuse, le sujet d'amour, *n'est pas* le sujet « aimant » décrit par les moralistes classiques. Parce qu'un tel sujet psychologique relève de la nature humaine, de la logique des passions. Alors que ce dont nous parlons n'a aucune préexistence « naturelle ». Les amants entrent comme tels dans la composition d'*un* sujet d'amour, qui les *excède* l'un et l'autre.

De même, le sujet d'une politique révolutionnaire n'est pas le militant individuel, ni non plus du reste la chimère d'une « classe-sujet ». C'est une production singulière, qui a eu des noms différents (parfois « Parti », parfois non). Et certes le militant entre dans la composition de ce sujet, qui encore une fois l'excède (c'est justement cet excès qui le fait advenir comme immortel).

Ou encore, le sujet d'un processus artistique n'est pas l'artiste (le « génie », etc.). En fait, les points-sujets de l'art sont les œuvres d'art. Et l'artiste entre dans la composition de ces sujets (les œuvres sont « les siennes »), sans qu'on puisse d'aucune façon les réduire à « lui » (et, du reste, de quel « lui » s'agirait-il ?)

Les événements sont des singularités irréductibles, des « hors-la-loi » des situations. Les processus fidèles de vérité sont des ruptures immanentes à chaque fois entièrement inventées. Les sujets, qui sont des occurrences *locales* du processus de vérité (des « points » de vérité) sont des inductions particulières et incomparables.

C'est au regard de tels sujets que – peut-être – il est légitime de parler d'une « éthique des vérités ».

2. *Définition formelle de l'éthique d'une vérité*

On appellera « éthique d'une vérité », de façon générale, le principe de continuation d'un processus de vérité – ou, de façon plus précise et complexe, *ce qui donne consistance à la présence de quelqu'un dans la composition du sujet qu'induit le processus de cette vérité.*

Déplions cette formule.

1) Que faut-il entendre par « quelqu'un » ? « Quelqu'un » est un animal de l'espèce humaine, ce type de multiple particulier que les savoirs établis désignent comme appartenant à l'espèce. C'est *ce* corps, et tout ce dont il est capable, qui entre dans la composition d'un « point de vérité ». Sous la supposition qu'il y a eu événement, et rupture *immanente* dans la forme *continuée* d'un processus *fidèle.*

« Quelqu'un » est donc éventuellement *ce* spectateur dont la pensée est mise en branle, saisie et déroutée, par un éclat théâtral, et qui entre ainsi dans la complexe configuration d'un moment d'art. Ou cet assidu d'un problème de mathématiques, au moment précis où s'opère, après l'ingrat labeur où les savoirs obscurcis tournent sur eux-mêmes, l'éclaircie de la solution. Ou cet amant dont la vision du réel est à la fois embrumée et transposée, parce qu'il se remémore, appuyé sur l'autre, l'instant de la déclaration. Ou ce militant qui parvient, au terme d'une réunion compliquée, à dire simplement l'énoncé jusqu'ici introuvable, dont tous conviennent qu'il est celui qu'il faut faire travailler dans la situation.

Le « quelqu'un », ainsi pris dans ce qui atteste qu'il appartient, comme point-support, au processus d'une vérité, est simultanément *lui-même,* rien d'autre que lui-même, une singularité multiple entre toutes reconnaissable, *et en excès sur lui-même,* parce que le tracé aléatoire de la fidélité *passe par lui,* transit son corps singulier, et l'inscrit, de l'intérieur même du temps, dans un instant d'éternité.

Disons que ce qu'on peut *savoir* de lui est entièrement engagé dans ce qui a lieu, qu'il n'y a, matériellement, rien d'autre que ce référent d'un savoir, mais que tout cela est pris dans la rupture immanente du processus de vérité, en sorte que, co-appartenant à sa propre situation (politique, scientifique, artistique, amoureuse...) et à la vérité qui *devient*, « quelqu'un » est imperceptiblement et intérieurement *rompu*, ou troué, par cette vérité qui « passe » au travers de ce multiple *su* qu'il est.

On pourrait dire plus simplement : de cette co-appartenance à une situation et au tracé hasardeux d'une vérité, de ce devenir-sujet, le « quelqu'un » était hors d'état *de se savoir capable*.

Pour autant qu'il entre dans la composition d'un sujet, qu'il est *subjectivation* de soi, le « quelqu'un » existe à son propre *insu*.

2) Maintenant que faut-il entendre par « consistance » ? Tout simplement qu'il y a *une loi de l'insu*. Si en effet le « quelqu'un » n'entre dans la composition d'un sujet de vérité qu'en s'exposant « tout entier » à une fidélité post-événementielle, le problème demeure de savoir ce qu'il va, ce « quelqu'un », *devenir* dans cette épreuve.

Le comportement ordinaire de l'animal humain relève de ce que Spinoza appelle la « persévérance dans l'être », et qui n'est rien d'autre que la poursuite de l'intérêt, c'est-à-dire de la conservation de soi. Cette persévérance est la loi du quelqu'un *tel qu'il se sait*. Or, l'épreuve d'une vérité ne tombe pas sous cette loi. Appartenir à la situation est le destin naturel de quiconque, mais appartenir à la composition d'un sujet de vérité relève d'un tracé propre, d'une rupture continuée, dont il est très difficile de savoir comment elle se surimpose, ou se combine, avec la simple persévérance-de-soi.

Nous appelons « consistance » (ou « consistance subjective ») le principe de cette surimposition, ou de cette combinaison. Autrement dit, la manière dont notre passionné de mathématiques va *engager sa persévérance dans ce qui rompt ou contrarie cette persévérance*, et qui est son appartenance à un processus de vérité. Ou la manière dont notre amant sera entièrement « lui-même » dans l'épreuve continuée de son inscription dans un sujet d'amour.

Finalement, la consistance est d'engager sa singularité (le « quelqu'un » animal) dans la continuation d'un sujet de vérité. Ou : mettre la persévérance de ce qui est su au service d'une durée propre de l'insu.

Lacan touchait à ce point, quand il proposait comme maxime de l'éthique : « Ne pas céder sur son désir. » Car le désir est constitutif du sujet de l'inconscient, il est donc l'insu par excellence, en sorte que « Ne pas céder sur son désir » veut bien dire : « Ne pas céder sur ce que de soi-même on ne sait pas. » Nous ajoutons ceci, que l'épreuve de l'insu est l'effet lointain du supplément événementiel, la trouée du « quelqu'un » par une fidélité à ce supplément évanoui, et que ne pas céder veut dire finalement : ne pas céder sur sa propre saisie par un processus de vérité.

Mais comme le processus de vérité est fidélité, si « Ne pas céder » est la maxime de la consistance – donc de l'éthique d'une vérité –, on peut bien dire qu'il s'agit, pour le « quelqu'un », *d'être fidèle à une fidélité*. Et il ne le peut qu'en y faisant servir son propre principe de continuité, la persévérance dans l'être de ce qu'il est. En *liant* (c'est justement la consistance) le su par l'insu.

L'éthique d'une vérité se prononce alors facilement : « Fais tout ce que tu peux pour faire persévérer ce qui a excédé ta persévérance. Persévère dans l'interruption. Saisis dans ton être ce qui t'a saisi et rompu. »

La « technique » de consistance est à chaque fois singulière, dépendante des traits « animaux » du quelqu'un. À la consistance du sujet qu'il est pour une part devenu, ayant été requis et saisi par un processus de vérité, ce « quelqu'un » fera servir son angoisse et son agitation, cet autre sa grande taille et son flegme, tel autre son vorace appétit de domination, un autre encore sa mélancolie, un autre sa timidité… Tout le matériel de la multiplicité humaine se laisse façonner, lier, par une « consistance » – en même temps bien sûr qu'il lui oppose de terribles inerties, qu'il expose le « quelqu'un » à la permanente tentation de céder, de revenir à la simple appartenance à une situation « ordinaire », de raturer les effets de l'insu.

L'éthique est manifestée par le conflit chronique entre deux fonctions du matériel multiple qui fait tout l'être d'un « quelqu'un » : d'une part, le déploiement simple, l'appartenance à la situation, ce qu'on peut appeler le *principe d'intérêt* ; d'autre part, la consistance, la liaison du su par l'insu, ce qu'on peut appeler le *principe subjectif*.

Il est alors aisé de décrire les manifestations de la consistance, d'esquisser une phénoménologie de l'éthique des vérités.

3. *L'expérience de la « consistance » éthique*

Donnons deux exemples.

1) Si on définit l'intérêt par la « persévérance dans l'être » (qui est, rappelons-le, simple appartenance aux situations multiples), on voit que la consistance éthique se manifeste comme *intérêt désintéressé*. Elle relève de l'intérêt, au sens où elle engage les ressorts de la persévérance (les traits singuliers d'un animal humain, d'un « quelqu'un »). Mais elle est désintéressée en un sens radical, puisqu'elle se propose de lier ces traits en une fidélité, laquelle à son tour s'adresse à une fidélité première, celle qui constitue le processus de vérité, et qui, par elle-même, n'a rien à voir avec les « intérêts » de l'animal, qui est indifférente à sa perpétuation, qui a pour destin l'éternité.

On peut jouer ici sur l'ambiguïté du mot *intérêt*. Certes, le passionné de mathématique, le spectateur rivé sur son fauteuil de théâtre, l'amant transfiguré, le militant enthousiaste, manifestent pour ce qu'ils font – pour l'avènement en eux de l'Immortel insu dont ils ne se savaient pas capables – un prodigieux intérêt. Rien au monde ne saurait davantage susciter l'intensité d'existence que cet acteur qui me fait rencontrer Hamlet, cette perception par la pensée de ce que c'est qu'être deux, ce problème de géométrie algébrique dont je découvre soudain les ramifications innombrables, ou cette assemblée en plein air, à la porte d'une usine, où je vérifie que mon énoncé politique rassemble et transforme. Cependant, au regard de mes intérêts d'animal mortel et prédateur, il ne se passe rien là qui me concerne, ou dont un savoir m'indique qu'il s'agit d'une circonstance à moi-même appropriée. Je suis là tout entier, liant mes composantes dans l'*excès sur moi-même* qu'induit le passage à travers moi d'une vérité. Mais du coup je suis aussi bien suspendu, rompu, révoqué : dés-intéressé. Car je ne saurais, dans la fidélité à la fidélité qui définit la consistance éthique, m'intéresser à moi-même, et donc poursuivre mes intérêts. Toute ma capacité d'intérêt, qui est ma propre persévérance dans l'être, est *déversée* sur les conséquences à venir de la solution de ce problème scientifique, sur l'examen du monde à la lumière de l'être-deux d'amour, sur ce que je ferai de ma rencontre, un soir, avec l'éternel Hamlet, ou sur l'étape suivante du processus politique, quand le regroupement devant l'usine sera dispersé.

Il n'y a qu'une question dans l'éthique des vérités : comment vais-je, en tant que quelqu'un, *continuer* à excéder mon propre être ? À lier de façon consistante ce que je sais aux effets de saisie de l'insu ?

Ce qui se dira aussi bien : comment vais-je continuer à *penser* ? C'est-à-dire à maintenir *dans* le temps singulier de mon être-multiple, et par la seule ressource matérielle de cet être, l'Immortel qu'une vérité fit advenir par moi dans une composition de sujet.

2) Toute vérité, nous l'avons déjà dit, dépose les savoirs constitués, et donc s'oppose aux opinions. Car on appelle *opinions* les représentations sans vérité, les débris anarchiques du savoir circulant.

Or les opinions sont le ciment de la socialité. C'est ce dont les animaux humains s'entretiennent, *tous* sans exception, on ne peut faire autrement : le temps qu'il fait ; le dernier film ; les maladies des enfants ; les bas salaires ; les vilenies du gouvernement ; le comportement de l'équipe locale de foot ; la télévision ; les vacances ; les atrocités lointaines ou proches ; les déboires de l'école républicaine ; le dernier disque d'un groupe de hard-rock ; la passe délicate de son âme ; s'il y a trop d'immigrés, ou pas ; les symptômes névrotiques ; les succès dans l'institution ; les bons petits plats ; la dernière lecture ; les magasins où on trouve pour pas cher ce qu'il faut ; les voitures ; le sexe ; le soleil... Que ferions-nous, misère, s'il n'y avait tout cela qui circule et se répète entre les animaux de la cité ? À quel silence déprimant ne serions-nous pas condamnés ? L'opinion est la matière première de toute *communication.*

On sait la fortune de ce terme aujourd'hui, et que certains y voient l'enracinement du démocratique et de l'éthique. Oui, on soutient souvent que ce qui compte est de « communiquer », que toute éthique est « éthique de la communication [11] ». Si on demande : communiquer, certes, mais *quoi* ? Il est aisé de répondre : des opinions, des opinions sur l'étendue entière des multiples que ce multiple spécial, l'animal humain, expérimente dans l'opiniâtre détermination de ses intérêts.

11. Jürgen Habermas, *Théorie de l'agir communicationnel*, Fayard, 1987. Habermas tente d'élargir la rationalité « démocratique » en intégrant la communication dans les fondements même de son anthropologie. De ce point de vue, il participe, d'un bord opposé à celui de Lévinas, à ce qu'on pourrait appeler la sub-structure philosophique du courant « éthique ».

Des opinions *sans un gramme de vérité.* Ni, du reste, de fausseté. L'opinion est en deçà du vrai et du faux, justement parce que son seul office est d'être communicable. Ce qui relève d'un processus de vérité, en revanche, *ne se communique pas.* La communication est appropriée aux seules opinions (et, encore une fois, nous ne saurions nous en passer). Pour tout ce qui concerne les vérités, il est requis qu'il y en ait *rencontre.* L'Immortel dont je suis capable ne saurait être suscité en moi par les effets de la socialité communiquante, il doit être *directement* saisi par la fidélité. Ce qui veut dire : rompu, dans son être-multiple, par le tracé d'une rupture immanente, et finalement requis, fût-ce sans le savoir, par le supplément événementiel. Entrer dans la composition du sujet d'une vérité ne peut être que *ce qui vous arrive.*

Témoignage en est donné par les circonstances concrètes où quelqu'un est saisi par une fidélité : rencontre amoureuse, sentiment soudain que tel poème vous est *adressé*, théorie scientifique dont la beauté, d'abord indistincte, vous subjugue, intelligence active d'un lieu politique… La philosophie n'y fait pas exception, puisque chacun sait que pour y tenir le réquisit de l'intérêt-désintéressé, il faut avoir rencontré, une fois dans sa vie, la parole d'un Maître.

Du coup, l'éthique d'une vérité est tout le contraire d'une « éthique de la communication ». Elle est une éthique du *réel*, s'il est vrai, comme le suggère Lacan, que tout accès au réel est de l'ordre de la rencontre. Et la consistance, qui est le contenu de la maxime éthique : « Continuer ! », ne va qu'à tenir le fil de ce réel.

On pourrait la formuler ainsi : « N'oublie jamais ce que tu as rencontré. » Mais en sachant que le non-oubli n'est pas une mémoire (ah ! l'insupportable et journalistique « éthique de la mémoire » !). Le non-oubli consiste à penser et pratiquer l'ordonnancement de mon être-multiple à l'Immortel qu'il détient, et que le transpercement d'une rencontre a composé en sujet.

Ce que, dans un livre ancien [12], nous avions ainsi formulé : « Aimez ce que jamais vous ne croirez deux fois. » Par quoi l'éthique d'une vérité s'oppose absolument à l'opinion, et à l'éthique tout court, qui n'est elle-même qu'un schème d'opinion. Car la maxime de l'opinion est : « N'aimez que ce que depuis toujours vous croyez. »

4. *Ascétisme ?*

L'éthique des vérités est-elle ascétique ? Exige-t-elle de nous un renoncement ? Ce débat est, depuis l'aube de la philosophie, essentiel. Il concernait déjà Platon, acharné à prouver que le philosophe, homme *des* vérités, est « plus heureux » que le tyran jouisseur, et que par conséquent l'animal sensible ne *renonce* à rien d'essentiel en vouant sa vie aux Idées.

Appelons « renoncement » qu'il faille en rabattre sur la poursuite de nos intérêts, poursuite qui, hors vérité, fait le tout de notre être-multiple. Y-a-t-il renoncement lorsqu'une vérité me saisit ? Sans doute pas, car cette saisie *se manifeste par des intensités d'existence inégalables.* On peut leur donner des noms : dans l'amour, il y a bonheur ; dans la science, il y a joie (au sens de Spinoza : béatitude intellectuelle) ; dans la politique, il y a enthousiasme ; et dans l'art, il y a plaisir. Ces « affects de la vérité », en même temps qu'il signalent l'entrée de quelqu'un dans une composition subjective, rendent vaines toutes les considérations de renoncement. L'expérience le montre à satiété.

Mais l'éthique n'est pas de l'ordre de la pure saisie. Elle règle la consistance subjective, en ce que sa maxime est : « Continuer ! ». Or nous avons vu que cette continuation suppose un véritable détournement de la « persévérance dans l'être ». Les matériaux de notre être-multiple sont ordonnés

12. Alain Badiou, *Théorie du sujet*, Seuil, 1982. Ce livre contient, dans ses « leçons » finales, des développements sur l'éthique du sujet, il est vrai orientés un peu différemment de ce qu'on trouve ici.

à la composition subjective, à la fidélité à une fidélité, et non plus à la simple poursuite de notre intérêt. Ce détournement vaut-il renoncement ?

Il y a là, il faut le dire, un point proprement *indécidable*. « Indécidable » veut dire qu'aucun calcul ne permet de décider s'il y a ou non renoncement essentiel.

– D'un côté, il est certain que l'éthique des vérités contraint à une telle distance aux opinions qu'elle est proprement *asociale*. Cette a-socialité est depuis toujours reconnue : ce sont les images de Thalès qui tombe dans un puits parce qu'il cherche à percer le secret des mouvements célestes, le proverbe : « Les amoureux sont seuls au monde », le destin séparé des grands militants révolutionnaires, le thème de la « solitude du génie », etc. Au niveau le plus bas, c'est le sarcasme contemporain contre « l'intello », ou la représentation inévitable du militant comme « dogmatique », ou « terroriste ». Or l'a-socialité se paie d'une constante restriction quant à la poursuite des intérêts, parce que cette poursuite est précisément réglée par le jeu social et par la communication. Il ne s'agit pas tant ici d'une répression (encore qu'évidemment elle existe, et puisse prendre des formes extrêmes), que d'une discordance insurmontable, proprement ontologique [13], entre la fidélité post-événementielle et le train normal des choses, entre *vérité* et *savoir*.

– D'un autre côté, il faut reconnaître que le « moi-même » engagé dans la composition subjective est *identique* à celui qui poursuit son intérêt : il n'y a pas, pour nous, deux figures distinctes du « quelqu'un ». Ce sont les mêmes multiples vivants qui sont requis dans tous les cas. Cette ambivalence de ma composition-multiple fait que l'intérêt peut n'être plus clairement représentable comme distinct de

13. *Cf.* Alain Badiou, *L'Être et l'événement, op. cit*. Un élément considéré par l'opinion est toujours pris dans un ensemble *constructible* (qui se laisse appréhender par des classifications). Tandis que le même élément, considéré à partir d'un processus de vérité, est pris dans un ensemble *générique* (en gros : échappant à toutes les classifications établies).

l'intérêt-désintéressé. Toute représentation de moi-même est l'imposition fictive d'une unité à des composantes multiples infinies. Que cette fiction soit en général cimentée par l'intérêt n'est pas douteux. Mais comme les composantes sont ambiguës (ce sont aussi bien elles qui servent à lier ma présence dans une fidélité), il se peut que, même sous la règle de l'intérêt, l'unité fictive s'ordonne comme telle au sujet, à l'Immortel, et non à l'animal socialisé.

Au fond, la *possibilité* qu'aucun ascétisme ne soit requis pour l'éthique des vérités tient à ce que le schème de l'intérêt n'a pas d'autre matière à unifier fictivement que celle à quoi l'éthique des vérités donne consistance. De là que l'intérêt-désintéressé puisse être représentable comme intérêt tout court. Quand c'est le cas, on ne saurait parler d'ascétisme : le principe d'intérêt gouverne en effet la pratique consciente.

Mais il ne s'agit là que d'une simple possibilité, et en aucun cas d'une nécessité. N'oublions en effet pas qu'il s'en faut de beaucoup que *toutes* les composantes de mon être-multiple soient engagées ensemble, pas plus du reste dans la poursuite de mes intérêts que dans la consistance d'un sujet de vérité. Il peut donc toujours arriver que la brutale réquisition de telle ou telle composante « dormante », soit sous la pression socialisée des intérêts, soit pour l'étape en cours d'une fidélité, déstabilise tous les montages fictifs antérieurs par lesquels j'organise la représentation de moi-même. Dès lors, la perception de l'intérêt-désintéressé comme intérêt tout court peut se défaire, la scission être représentable, et l'ascétisme venir à l'ordre du jour, tout comme son envers : la tentation de céder, de se retirer de la composition subjective, de briser un amour parce qu'un désir obscène s'impose, de trahir une politique parce que s'offre le repos du « service des biens », de remplacer l'acharnement scientifique par la course aux crédits et aux honneurs, ou de régresser dans l'académisme sous le couvert d'une propagande qui dénonce le caractère « dépassé » des avant-gardes.

Mais alors, la venue de l'ascétisme est identique au découvrement du sujet de vérité comme pur *désir de soi.* Le sujet doit en quelque sorte continuer sur ses propres forces, n'étant plus protégé par les ambiguïtés de la fiction représentative. C'est le point propre de l'indécidable : ce désir du sujet de persévérer dans sa consistance est-il mesurable au désir de l'animal de saisir sa chance socialisée ? Rien, parvenu à ce point, ne dispense du courage. On s'armera, si l'on peut, de l'optimisme de Lacan, quand il écrit : « Le désir, ce qui s'appelle le désir [Lacan parle ici de l'insu subjectif] suffit à faire que la vie n'ait pas de sens à faire un lâche[14] ».

14. Jacques Lacan, *Écrits*, Seuil, p. 782.

V

Le problème du Mal

Nous avons déjà souligné à quel point l'idéologie éthique contemporaine s'enracinait dans l'évidence consensuelle du Mal. Nous avons renversé ce jugement en déterminant le processus affirmatif des vérités comme noyau central, et de la composition possible d'un sujet, et, pour le « quelqu'un » qui entre dans cette composition, de l'advenue singulière d'une éthique *persévérante.*

Est-ce à dire qu'il faille récuser toute validité à la notion du Mal, et la renvoyer tout uniment à son évidente origine religieuse ?

A/ La vie, les vérités, le Bien

Nous ne ferons ici aucune concession à l'opinion selon laquelle il y aurait une sorte de « droit naturel » fondé en dernière analyse sur l'évidence de ce qui nuit à l'Homme.

Rapporté à sa simple nature, l'animal humain doit être logé à la même enseigne que ses compagnons biologiques. Ce massacreur systématique poursuit dans les fourmilières géantes qu'il a édifiées des intérêts de survie et de satisfaction ni plus ni moins estimables que ceux des taupes ou des cicindèles. Il s'est montré le plus retors des animaux, le plus patient, le plus obstinément asservi aux désirs cruels de sa propre puissance. Surtout, il a su mettre au service de sa vie mortelle la capacité propre qui est la sienne, et qui est de se placer sur le trajet des vérités en sorte que lui advienne une part d'Immortel. C'est bien ce que déjà laissait pressentir Platon, quand il indiquait que son fameux prisonnier évadé de la caverne et ébloui par le soleil de l'Idée avait pour devoir de revenir dans l'ombre et de faire profiter ses compagnons de servitude de ce dont, au seuil du monde obscur, il avait été saisi. Ce n'est qu'aujourd'hui que nous mesurons pleinement ce que ce retour signifie : c'est celui de la physique Galiléenne vers la machinerie technique, ou de la théorie atomique vers les explosifs et les centrales nucléaires. Le retour de l'interêt-désintéressé vers l'intérêt brut, le forçage des savoirs par quelques vérités. Au terme de quoi l'animal humain est devenu le maître absolu de son biotope, lequel, il est vrai, n'est qu'une planète de second ordre.

Ainsi pensé (et c'est ce que de lui nous savons), il est clair que l'animal humain ne relève « en soi » d'aucun jugement de valeur. Nietzsche a sans aucun doute raison, dès lors qu'il détermine l'humanité selon la norme de sa puissance vitale, de la déclarer essentiellement innocente, étrangère par elle-même au Bien et au Mal. Sa chimère est d'imaginer une sur-humanité revenue à cette innocence, délivrée qu'elle serait de la ténébreuse entreprise d'anéantissement de la vie menée par la puissante figure du Prêtre. Non, aucune vie, aucune puissance naturelle, ne saurait être au-delà du Bien et du Mal[15]. Ce qu'il faut dire, c'est que toute vie, y compris celle de l'animal humain, est *en deçà* du Bien et du Mal.

Ce qui fait surgir le Bien, et par voie de simple conséquence le Mal, touche exclusivement à la rare existence des processus de vérité. Transi par une rupture immanente, l'animal humain voit son principe de survie – son intérêt – désorganisé. Disons alors que le Bien, si l'on entend

15. Nietzsche, *La Généalogie de la morale*. C'est le livre de Nietzsche le plus systématique, celui qui récapitule sa critique « vitale » des valeurs.

par là que quelqu'un puisse entrer dans la composition d'un sujet de vérité, est proprement la norme intérieure d'une désorganisation prolongée de la vie.

Tout le monde, du reste, le sait : les routines de la survie sont indifférentes à quelque Bien que ce soit. Toute poursuite d'un intérêt n'a de légitimité que dans sa réussite. Par contre, que je « tombe amoureux » (le mot « tomber » note la désorganisation de la marche des choses), ou que je sois saisi par la fureur insomniaque d'une pensée, ou que quelque engagement politique radical s'avère incompatible avec tout principe d'intérêt immédiat, et me voici contraint de mesurer la vie, ma vie d'animal humain socialisé, à autre chose qu'elle-même. Et singulièrement quand, au-delà de l'évidence heureuse ou enthousiaste de la saisie, il s'agit de savoir si, et comment, je continue dans la voie de la désorganisation vitale, dotant ainsi le désorganisé primordial d'une organisation paradoxale seconde, celle-là même que nous avons nommée « consistance éthique ».

Si Mal il y a, il faut le penser à partir du Bien. Sans la considération du Bien, et donc des vérités, il n'y a que l'innocence cruelle de la vie, qui est en deçà du Bien *et du Mal*.

Par conséquent, si étrange soit le propos, il faut absolument que le Mal soit une dimension possible des vérités. On ne se contentera pas, sur ce point, de la trop facile solution platonicienne : le Mal comme simple absence de la vérité, le Mal comme ignorance du Bien. Car l'idée même d'ignorance est insaisissable. Pour qui une vérité est-elle absente ? Pour l'animal humain comme tel, acharné à la poursuite de ses intérêts, il n'y a pas de vérité, seulement des opinions, par quoi il se socialise. Et quant au sujet – à l'Immortel –, la vérité ne saurait lui faire défaut, puisque c'est d'elle et d'elle seule, donnée comme trajet fidèle, qu'il se constitue.

Il faut donc, si toutefois le Mal est identifiable comme une forme de l'être-multiple, qu'il surgisse comme *effet (possible) du Bien lui-même*. Ce qui se dira : ce n'est que parce qu'il y a des vérités, et à la mesure de l'existence de sujets de ces vérités, qu'il y a le Mal.

Ou encore : le Mal, s'il existe, est un effet déréglé de la puissance du vrai.

Mais le Mal existe-t-il ?

B/ De l'existence du Mal

Puisque nous rejetons toute idée d'une reconnaissance consensuelle, ou *a priori*, du Mal, la seule ligne de pensée rigoureuse serait de définir le Mal sur notre propre terrain, donc comme une dimension possible d'un processus de vérité. Et d'examiner seulement ensuite les coïncidences entre les effets attendus de cette définition et les exemples « flagrants » (les exemples d'opinion) du Mal historique ou privé.

Nous allons cependant procéder de façon plus inductive, puisque le but de ce livre est de serrer de près l'actualité des questions.

Les tenants de l'idéologie « éthique » savent bien eux-mêmes que l'identification du Mal n'est pas une mince affaire, même si en définitive toute leur construction repose sur l'axiome qu'il y a, en la matière, une évidence d'opinion. Ils procèdent dès lors comme nous avons vu que le faisait Lévinas pour la « reconnaissance de l'autre » : ils radicalisent le propos. De même que Lévinas suspend en définitive l'originalité de l'ouverture à l'Autre à la supposition du Tout-Autre, de même les tenants de l'éthique suspendent l'identification consensuelle du Mal à la supposition d'un Mal *radical*.

Bien que l'idée du Mal radical remonte (au moins) à Kant, sa version contemporaine s'appuie de façon systématique sur un « exemple » : l'extermination des juifs d'Europe par les nazis. Nous n'employons pas le mot *exemple* à la légère. Un exemple est certes d'ordinaire ce qui doit être répété ou imité. S'agissant de l'extermination nazie, elle exemplifie le Mal radical en indiquant ce dont l'imitation ou la répétition doit être empêchée à tout prix. Ou plus précisément : ce dont la non-répétition fait *norme* pour tout jugement sur les situations. Il y a donc là « exemplarité » du crime, exemplarité négative. Mais la fonction normative de l'exemple demeure : l'extermination nazie est Mal radical en ceci qu'elle donne pour notre temps la mesure unique, inégalable, et en ce sens transcendante, ou indicible, du Mal tout court. Ce que le Dieu de Lévinas est dans l'évaluation de l'altérité (le Tout-Autre comme mesure incommensurable de l'Autre), l'extermination l'est dans l'évaluation des situations historiques (le Tout-Mal comme mesure incommensurable du Mal).

De là que l'extermination et les nazis sont à la fois déclarés impensables, indicibles, sans précédent ni postérité concevables – puisqu'ils nomment la forme absolue du Mal – ; et cependant constamment invoqués, comparés, chargés de schématiser toute circonstance où l'on veut produire, dans l'opinion, un effet de conscience du Mal – puisqu'il n'y a ouverture au Mal en général que sous la condition historique du Mal radical. C'est ainsi que dès 1956, pour légitimer l'invasion de l'Égypte par les forces anglo-françaises, les politiques et la presse n'hésitaient pas une seconde devant la formule : « Nasser, c'est Hitler. » Ce qu'on a revu récemment, tant en ce qui concerne Saddam Hussein (en Irak) qu'en ce qui concerne Slobodan Milosevic (en Serbie). Mais en même temps, on rappelle avec insistance que l'extermination et les nazis sont uniques, et que les comparer à quoi que ce soit est une profanation.

Ce paradoxe est en réalité celui-là même du Mal radical (et, à vrai dire, de toute « mise en transcendance » d'une réalité ou d'un concept). Il faut bien que ce qui donne mesure ne soit pas mesurable, et que cependant il soit constamment mesuré. L'extermination est bien à la fois ce qui donne mesure à tout le Mal dont notre époque est capable, étant donc par elle-même sans mesure, et ce à quoi, la mesurant ainsi sans cesse, on doit comparer tout ce dont on requiert qu'il soit jugé selon l'évidence du Mal. Ce crime, en tant qu'exemple négatif suprême, est inimitable, mais aussi bien n'importe quel crime en est une imitation.

Pour sortir de ce cercle, auquel condamne le fait qu'on veuille ordonner la question du Mal à un jugement consensuel de l'opinion (jugement qu'on doit pré-structurer par la supposition d'un Mal radical), il faut évidemment abandonner le thème du Mal absolu, de la mesure sans mesure. Ce thème, comme celui du Tout-Autre, appartient à la religion.

Cependant, il est assuré que l'extermination des juifs d'Europe est un crime d'État atroce, dont l'horreur est telle qu'on ne peut, sans entrer dans une dégoûtante sophistique, douter qu'il s'agisse, de quelque manière qu'on l'envisage, d'un Mal que rien ne relève ni ne permet de classer paisiblement (« hégéliennement ») au chapitre des nécessités transitoires du mouvement historique.

On admettra aussi sans réserve la singularité de l'extermination. La médiocre catégorie de « totalitarisme » a été forgée pour rassembler sous un seul concept la politique nazie et la politique de Staline, l'extermination des juifs d'Europe et les déportations et massacres en Sibérie. Cet amalgame n'aide guère la pensée, pas même la pensée du Mal. Il faut admettre l'irréductibilité de l'extermination (comme du reste l'irréductibilité du Parti-état stalinien).

Mais justement, tout le point est de localiser cette singularité. Au fond, les tenants de l'idéologie des droits de l'homme tentent de la localiser directement dans le Mal, conformément à leurs objectifs de pure opinion. Nous avons vu que cette tentative d'absolutisation religieuse du Mal est incohérente. Elle est en outre très menaçante, comme tout ce qui objecte à la pensée une « limite » infranchissable. Car la réalité de l'inimitable est la constante imitation, et à force de voir des Hitler partout, on oublie qu'il est mort, et que ce qui se passe sous nos yeux fait advenir de nouvelles singularités du Mal.

En fait, penser la singularité de l'extermination, c'est penser, d'abord, la singularité du nazisme comme politique. Là est tout le problème. Hitler a pu conduire l'extermination comme une colossale opération militarisée parce qu'il avait pris le pouvoir, et il a pris le pouvoir au nom d'une politique dont « juif » était une des catégories.

Les tenants de l'idéologie éthique tiennent tellement à localiser la singularité de l'extermination directement dans le Mal que, le plus souvent, ils nient catégoriquement que le nazisme ait été une politique. Mais c'est une position à la fois faible et sans courage. Faible, parce que la constitution du nazisme en subjectivité « massive » intégrant la construction du mot *juif* comme schème politique est ce qui a rendu possible, puis nécessaire, l'extermination. Sans courage, parce qu'il est impossible de penser la politique jusqu'au bout si on renonce à envisager qu'il puisse exister des politiques dont les catégories organiques, les prescriptions subjectives, sont criminelles. Les partisans de la « démocratie des droits de l'homme » aiment bien, avec Hannah Arendt, définir la politique comme la scène de « l'être-ensemble ». C'est du reste au regard de cette définition qu'ils font l'impasse sur l'essence politique du nazisme. Mais cette définition n'est qu'un conte bleu. D'autant plus que l'être-ensemble doit d'abord déterminer l'ensemble dont il s'agit, et que c'est toute la question. Nul plus que Hitler ne désirait l'être-ensemble des Allemands. La catégorie nazie du « juif » servait à nommer l'intérieur allemand, l'espace de l'être-ensemble, par la construction (arbitraire, mais prescriptive) d'un extérieur qu'on pouvait traquer à l'intérieur, tout comme la certitude d'être « entre Français » suppose qu'on persécute ici même ceux qui tombent sous la catégorie d'« immigré clandestin ».

Une des singularités de la politique nazie a été de déclarer avec précision la « communauté » historiale qu'il s'agissait de doter d'une *subjectivité* conquérante. Et c'est cette déclaration qui a permis sa victoire subjective, et mis l'extermination à l'ordre du jour.

On serait donc plutôt fondé à dire qu'en la circonstance, le lien entre politique et Mal s'introduit justement du biais de la prise en considération, et de l'ensemble (thématique des communautés), et de l'être-avec (thématique du consensus, des normes partagées).

Mais ce qui importe est que la singularité du Mal est tributaire, en dernière analyse, de la singularité d'une politique.

Ce qui nous reconduit à la pensée de la subordination du Mal, sinon directement au Bien, du moins aux processus qui s'en réclament. Il est probable que la politique nazie n'était pas un processus de vérité. Mais ce n'est que pour autant qu'elle était représentable comme telle qu'elle a « saisi » la situation allemande. De sorte que même dans le cas de ce Mal que nous dirons, non pas radical, mais extrême, l'intelligibilité de son être « subjectif », la question des « quelqu'uns » qui ont pu participer à son atroce exécution comme s'ils accomplissaient un devoir, demandent d'être référées aux dimensions intrinsèques du processus de vérité politique.

Nous aurions pu aussi bien remarquer que les souffrances subjectives les plus intenses, celles qui mettent réellement à l'ordre du jour ce que c'est que « faire du mal à quelqu'un », et qui déterminent souvent le suicide ou le meurtre, ont pour horizon l'existence du processus amoureux.

De façon générale, nous poserons :
– que le Mal existe ;
– qu'il doit être distingué de la violence que met l'animal humain à persévérer dans son être, à poursuivre ses intérêts, violence qui est *en deçà* du Bien et du Mal ;

– que cependant il n'y a pas de Mal radical, d'où s'éclairerait cette distinction ;
– que le Mal n'est pensable comme distinct de la prédation banale qu'autant qu'on le saisit du point du Bien, donc à partir de la saisie de « quelqu'un » par un processus de vérité ;
– que par conséquent le Mal n'est pas une catégorie de l'animal humain, mais une catégorie du sujet ;
– qu'il n'y a le Mal qu'autant que l'homme est capable de devenir l'Immortel qu'il est ;
– que l'éthique des vérités, comme principe de consistance de la fidélité à une fidélité, ou maxime du « Continuer ! », est ce qui tente de parer au Mal que toute vérité singulière rend possible.

Reste à lier ces thèses, à les rendre homogènes à ce que nous savons de la forme générale des vérités.

C/ Retour sur l'événement, la fidélité, la vérité

Les trois dimensions capitales d'un processus de vérité sont, rappelons-le :
– l'*événement*, qui fait advenir « autre chose » que la situation, que les opinions, que les savoirs institués ; qui est un supplément hasardeux, imprévisible, évanoui aussitôt qu'apparu ;
– la *fidélité*, qui est le nom du processus : il s'agit d'une investigation suivie de la situation, sous l'impératif de l'événement lui-même ; c'est une rupture continuée et immanente ;
– la *vérité* proprement dite, qui est ce multiple interne à la situation que construit, peu à peu, la fidélité ; qui est ce que la fidélité regroupe et produit.

Ces trois dimensions du processus ont des caractéristiques « ontologiques » essentielles :

1) L'événement est à la fois *situé* – il est événement de telle ou telle situation – et *supplémentaire*, donc absolument détaché, ou délié, de toutes les règles de la situation. Ainsi le surgissement, avec Haydn (ou sous le nom de ce « quelqu'un », Haydn), du style classique, concerne la situation musicale et aucune autre, situation réglée par la prédominance du style baroque. C'est un événement pour cette situation. Mais d'un autre côté, ce que cet événement autorise comme configurations musicales n'est pas lisible dans la plénitude atteinte par le style baroque, il s'agit réellement d'*autre chose*.

On se demandera alors ce qui fait lien entre l'événement et ce « pour quoi » il est événement. Ce lien est le *vide de la situation antérieure*. Que faut-il entendre par là ? Ceci qu'au cœur de toute situation, comme fondement de son être, il y a un vide « situé », qui est ce autour de quoi s'organise la plénitude (ou les multiples stables) de la situation en question. C'est ainsi qu'au cœur du style baroque parvenu à sa saturation virtuose, il y a le vide (inaperçu autant que décisif) d'une pensée véritable de l'architectonique musicale. L'événement-Haydn se donne comme une sorte de « nomination » musicale de ce vide. Car c'est précisément un tout nouveau principe architectonique, thématique, une nouvelle façon de développer l'écriture à partir de quelques cellules transformables, qui constitue l'événement lui-même. Soit ce qui, de l'intérieur du style baroque, n'était justement pas perceptible (il ne pouvait y en avoir aucun savoir).

On pourrait dire que puisqu'une situation est composée par les savoirs qui y circulent, l'événement nomme le vide en tant qu'il nomme l'*insu* de la situation.

Pour prendre un exemple célèbre, Marx fait événement dans la pensée politique en ce qu'il désigne, sous le nom de prolétariat, le vide central des sociétés bourgeoises commençantes. Car le prolétariat, totalement démuni, absent de la scène politique, est ce autour de quoi s'organise la plénitude satisfaite du règne des propriétaires de capitaux.

Finalement, on dira que le caractère ontologique fondamental d'un événement est d'inscrire, de nommer, le vide situé de ce pour quoi il est événement.

2) S'agissant de la fidélité, nous avons assez dit ce qu'il en était. Le point le plus important est qu'elle n'est jamais nécessaire. Il y a indécidabilité quant au point de savoir si l'intérêt-désintéressé qu'elle suppose pour le « quelqu'un » qui y participe peut, fût-ce dans une fiction de la représentation de soi, valoir comme intérêt tout court. Et donc, comme le seul principe de persévérance est celui de l'intérêt, la persévérance de quelqu'un dans une fidélité – la continuation de l'être-sujet d'un animal humain – demeure aléatoire. On sait que c'est parce qu'il y a cet aléatoire qu'il y a place pour une éthique des vérités.

3) S'agissant enfin de la vérité comme résultat, il faut surtout en souligner la puissance. Nous avons évoqué ce thème à propos du « retour » du prisonnier de Platon dans la caverne, qui est retour d'une vérité vers les savoirs. Une vérité « troue » les savoirs, elle leur est hétérogène, mais elle est aussi la seule source connue de savoirs nouveaux. On dira que la vérité *force* des savoirs. Le verbe *forcer* indique que la puissance d'une vérité étant celle d'une rupture, c'est en violentant les savoirs établis et circulants qu'une vérité fait retour vers l'immédiat de la situation, ou remanie cette sorte d'encyclopédie portative dans laquelle puisent les opinions, les communications et la socialité. Si une vérité n'est jamais comme telle communicable, elle implique, à distance d'elle-même, de puissants remaniements des formes et des référents de la communication. Sans que, du reste, ces remaniements « expriment » la vérité, ou indiquent un « progrès » des opinions. C'est ainsi que tout un *savoir* musical s'organise rapidement à partir des grands noms du style classique, savoir antérieurement informulable. Il n'y a là aucun « progrès »,

car l'académisme classique, ou le culte de Mozart, n'ont rien de supérieur à ce qu'il y avait avant. Mais c'est un forçage de savoirs, une modification souvent très étendue des codes de la communication (ou des opinions que les animaux humains échangent sur « la musique »). Bien entendu, ces opinions transformées sont périssables, cependant que les vérités, qui sont les grandes créations du style classique, subsistent éternellement.

De même, il est du destin des inventions mathématiques les plus surprenantes de figurer à la fin dans les manuels universitaires, voire de servir à recruter notre « élite dirigeante », du biais des concours d'entrée aux Grandes Écoles. L'éternité produite des vérités mathématiques n'en peut mais, sinon qu'elles ont forcé les savoirs ainsi requis pour des arrangements de socialité, et que telle est la forme de leur retour vers les intérêts de l'animal humain.

C'est de ces trois dimensions du processus de vérité : convocation, par l'événement, du *vide* d'une situation ; incertitude de la *fidélité* ; et puissance de *forçage* des savoirs par une vérité, que dépend la pensée du Mal.

Car le Mal a trois noms :

– imaginer qu'un événement convoque non le vide, mais le plein de la situation antérieure est le Mal comme *simulacre*, ou *terreur* ;

– déchoir d'une fidélité est le Mal comme *trahison* en soi-même de l'Immortel qu'on est ;

– identifier une vérité à une puissance totale est le Mal comme *désastre.*

Terreur, trahison et désastre sont ce à quoi l'éthique des vérités – et non l'impuissante morale des droits de l'homme – tente de parer, dans la singularité de son appui sur une vérité en cours. Mais ce sont bien, comme nous allons le voir, des possibles mis à l'ordre du jour par le processus d'une vérité lui-même. Et donc il est assuré qu'il n'y a le Mal qu'autant que procède un Bien.

D/ Esquisse d'une théorie du Mal

1. *Le simulacre et la terreur*

Nous avons vu que toute « nouveauté » n'est pas un événement. Encore faut-il que ce qui est convoqué et nommé par l'événement soit le vide central de la situation pour laquelle cet événement est événement. Cette question de la nomination est essentielle, et nous ne pouvons en faire ici la théorie complète [16]. On comprendra cependant aisément que l'événement ayant pour être de disparaître, puisqu'il est une sorte de supplément foudroyant qui advient à la situation, ce qu'on en retient dans la situation, et qui sert de guide à la fidélité, est bien quelque chose comme une trace, ou un nom, qui se rapporte à l'événement évanoui.

Quand les nazis parlent de « révolution national-socialiste », ils empruntent – « révolution », « socialisme » – une nomination attestée des grands événements politiques modernes (la Révolution de 1792, ou la Révolution bolchevique de 1917). Toute une série de traits sont liés à cet emprunt, et par lui légitimés : la rupture avec l'ordre ancien, l'appui recherché du côté des rassemblements de masse, le style dictatorial de l'État, le *pathos* de la décision, l'apologie du Travailleur, etc.

Cependant, l'« événement » ainsi nommé, à bien des égards formellement semblable à ceux dont il emprunte le nom et les traits, et sans lesquels il n'aurait pas de propos propre ni de langage politique constitué, se caractérise par un lexique de la plénitude, ou de la substance : la révolution national-socialiste fait advenir – disent les nazis – une communauté particulière, le peuple allemand, à son véritable destin, qui est un destin de domination universelle. De sorte

16. *Cf.* Alain Badiou, *L'Être et l'événement, op. cit.* La théorie du nom de l'événement d'une part, de la langue-sujet d'autre part, est centrale dans tout le livre. La seconde, en particulier, est assez délicate.

que l'« événement » est supposé faire venir à l'être, et nommer, non le vide de la situation antérieure, mais son plein. Non l'universalité de ce qui ne se soutient, justement, d'aucun trait (d'aucun multiple) particulier, mais la particularité absolue d'une communauté, elle-même enracinée dans les traits du sol, du sang, de la race.

Ce qui fait qu'un événement véritable peut être à l'origine d'une vérité, laquelle est la seule chose qui soit pour tous, et qui soit éternelle, est justement qu'il n'est rattaché à la particularité d'une situation que du biais de son vide. Le vide, le multiple-de-rien, n'exclut ni ne contraint personne. Il est la neutralité absolue de l'être. En sorte que la fidélité dont un événement est l'origine, bien qu'elle soit une rupture immanente dans une situation singulière, n'en est pas moins adressée universellement.

Au contraire, la rupture saisissante induite par la prise du pouvoir par les nazis en 1933, qui est formellement indistinguable d'un événement – c'est cela même qui a égaré Heidegger [17] –, parce qu'elle se pense comme révolution « allemande », et n'est fidèle qu'à la supposée substance nationale d'un peuple, ne s'adresse en fait qu'à ceux qu'elle-même détermine comme « Allemands ». Elle est donc, dès la nomination de l'événement, et en dépit de ce que cette nomination « révolution » ne fonctionne que sous la condition de vrais événements universels (par exemple les Révolutions de 1792 ou de 1917), radicalement incapable de quelque vérité que ce soit.

Quand sous des noms empruntés aux processus réels de vérité, une rupture radicale dans une situation convoque, au lieu du vide, la particularité « pleine », ou la substance supposée, de cette situation, on dira que l'on a un *simulacre de vérité*.

17. Victor Farias, *Heidegger et le nazisme*, Verdier, 1985. Dans ce livre assez anecdotique, on voit comment Heidegger a été captif, tout un temps, d'un simulacre. Il croyait tenir l'événement de sa propre pensée.

« Simulacre » doit être pris au sens fort : tous les traits formels d'une vérité sont à l'œuvre dans le simulacre. Non seulement une nomination universelle d'événement, induisant la force d'une rupture radicale, mais aussi « l'obligation » d'une fidélité, et la promotion d'un *simulacre de sujet*, érigé – sans qu'aucun Immortel pourtant n'advienne – au-dessus de l'animalité humaine des autres, de ceux qui sont arbitrairement déclarés ne pas appartenir à la substance communautaire dont le simulacre d'événement assure la promotion et la domination.

La fidélité à un simulacre, à la différence de la fidélité à un événement, règle sa rupture, non sur l'universalité du vide, mais sur la particularité fermée d'un ensemble abstrait (les « Allemands », ou les « Aryens »). Son exercice est inévitablement de construire indéfiniment cet ensemble, et il n'y a pas d'autre moyen pour cela que de « faire le vide » autour de lui. Le vide, chassé par la promotion en simulacre d'un « événement-substance », fait retour, avec son universalité, comme ce qui doit être effectué pour que la substance soit. Ce qui se dira aussi bien : ce qui est adressé « à tous » (et « tous », ici, c'est forcément ce qui n'est pas de la substance communautaire allemande, laquelle n'est pas un « tous », mais un « quelques-uns » exerçant sa domination sur « tous ») est la mort, ou cette forme différée de mort qui est l'esclavage au service de la substance allemande.

Ainsi la fidélité au simulacre (et elle demande aux « quelqu'uns » de la substance allemande des sacrifices et des engagements prolongés, parce qu'elle a réellement la forme d'une fidélité) a-t-elle pour contenu la guerre et le massacre. Ce ne sont pas là des moyens : c'est tout le réel d'une telle fidélité.

Dans le cas du nazisme, le vide a fait retour sous un nom privilégié, le nom de « juif ». Il y en a certes eu d'autres : les tziganes, les malades mentaux, les homosexuels, les communistes... Mais le nom de « juif » a été le nom des noms, pour désigner ce dont la disparition créait, autour de la supposée substance allemande, promue par le simulacre « révolution national-socialiste », un vide suffisant pour identifier la substance. Le choix de ce nom renvoie sans aucun doute à son lien évident avec l'universalisme, en particulier l'universalisme révolutionnaire, à ce que ce nom avait en somme de déjà *vide*, c'est-à-dire de *connecté à l'universalité et à l'éternité des vérités.* Cependant, pour autant qu'il a servi a organiser l'extermination, le nom de « juif » est une création politique nazie, qui n'a aucun référent pré-existant. C'est un nom dont personne ne peut partager l'usage avec les nazis, et qui suppose le simulacre et la fidélité au simulacre – donc la singularité absolue du nazisme comme politique.

Mais même en ce point, il faut reconnaître que cette politique mime un processus de vérité. Toute fidélité à un événement authentique nomme des adversaires de sa persévérance. Contrairement à l'éthique consensuelle, qui prétend éviter la scission, l'éthique des vérités est toujours peu ou prou militante, combattante. Car son hétérogénéité aux opinions et aux savoirs établis se donne concrètement dans la lutte contre toutes sortes de tentatives d'interruption, de corruption, de retour aux intérêts immédiats de l'animal humain, de sarcasme et de répression contre l'Immortel qui advient en sujet. L'éthique des vérités suppose la reconnaissance de ces tentatives, et donc l'opération singulière qui consiste à nommer des ennemis. Le simulacre « révolution nationale socialiste » a induit de telles nominations, en particulier « juif ». Mais la subversion du simulacre au regard de l'événement vrai se poursuit dans ces noms. Car l'ennemi d'une vraie fidélité subjective est justement l'ensemble fermé, la substance, la communauté. C'est contre ces inerties qu'on doit faire valoir le tracé hasardeux d'une vérité, et de son adresse universelle.

Toute invocation du sol, du sang, de la race, de la coutume, de la communauté, travaille directement contre les vérités, et c'est cet ensemble qui est précisément nommé comme ennemi dans l'éthique des vérités. Au lieu que la fidélité au simulacre, qui promeut la communauté, le sang, la race, etc. nomme précisément comme ennemi, par exemple sous le nom de « juif », l'universel abstrait, l'éternité des vérités, l'adresse à tous.

À quoi il faut ajouter que le traitement de ce qui est supposé sous les noms est diamétralement opposé. Car si ennemi qu'il soit d'une vérité, un « quelqu'un » est toujours représenté, dans l'éthique des vérités, comme capable de devenir l'Immortel qu'il est. Nous pouvons donc combattre les jugements et opinions qu'il échange avec d'autres pour corrompre toute fidélité, mais non sa *personne*, qui est en la circonstance indifférente, et à laquelle en dernier ressort toute vérité s'adresse aussi. Tandis que le vide, dont le fidèle d'un simulacre travaille à entourer sa substance supposée, doit être un vide réel, obtenu en taillant dans la chair elle-même. N'étant la venue subjective d'aucun Immortel, la fidélité au simulacre – cette terrible imitation des vérités – ne suppose non plus rien d'autre, dans celui qu'elle désigne comme ennemi, que sa stricte et particulière existence d'animal humain. C'est donc cela même qui doit supporter le retour du vide. C'est pourquoi l'exercice de la fidélité au simulacre est nécessairement *exercice de la terreur*. On entendra ici par terreur, non le concept politique de Terreur, lié (en couple universalisable) à celui de Vertu par les Immortels du Comité de salut public, mais la réduction pure et simple de tous à leur être-pour-la-mort. La terreur ainsi conçue postule en réalité que pour que la substance soit, *rien* ne doit être.

Nous avons suivi l'exemple du nazisme, parce qu'il entre, pour une part essentielle, dans la configuration « éthique » (le « Mal radical ») à laquelle nous opposons l'éthique des vérités. Il s'agit là du simulacre d'un événement donnant lieu à une fidélité politique. Sa condition de possibilité réside dans les révolutions politiques réellement événementielles, et donc universellement adressées. Mais il existe aussi des simulacres liés à tous les autres types possibles de processus de vérité. C'est un exercice utile, pour le lecteur, de les identifier. Ainsi, on peut voir que certaines passions sexuelles sont des simulacres de l'événement amoureux. Qu'elles entraînent à ce titre terreur et violence ne fait aucun doute. De brutales prédications obscurantistes se présentent comme des simulacres de sciences, et leurs ravages sont perceptibles. Et ainsi de suite. Mais dans tous les cas, ces violences et ces ravages sont inintelligibles si on ne les pense pas *à partir des processus de vérité* dont ils organisent le simulacre.

Finalement, notre première définition du Mal sera la suivante : le Mal est le processus d'un simulacre de vérité. Et il est, dans son essence, terreur sur tous, sous un nom qu'il invente.

2. *La trahison*

Nous avons largement initié ce point dans le chapitre précédent. Il est, avons-nous dit, proprement indécidable que l'intérêt-désintéressé qui anime le devenir-sujet d'un animal humain l'emporte sur l'intérêt tout court, dès lors que cet animal humain ne parvient plus à unifier les deux dans une fiction plausible de l'unité de lui-même.

Il s'agit là de ce qu'on peut appeler les moments de crise. Il n'y a pas, en soi, de « crise » d'un processus de vérité. Initié par un événement, il se déploie en droit à l'infini. Ce dont il peut y avoir crise est d'un ou plusieurs « quelqu'uns » entrant dans la composition du sujet induit par ce processus. Tout le monde connaît les moments de crise d'un amant, de découragement d'un chercheur, de lassitude d'un militant, de stérilité d'un artiste. Ou encore d'incompréhension durable d'une démonstration mathématique pour celui qui la lit, d'obscurité irréductible d'un poème dont on perçoit pourtant vaguement la beauté, etc.

Nous avons dit d'où proviennent ces expériences : sous la pression des exigences de l'intérêt, ou sous celles, au contraire, de l'impératif d'une nouveauté difficile, dans la continuation subjective de la fidélité, il y a rupture de la fiction par laquelle je supporte, comme image de moi-même, la confusion entre intérêt et intérêt-désintéressé, entre animal humain et sujet, entre mortel et immortel. Et dès lors, se découvre un choix pur entre le « Continuer ! » de l'éthique de cette vérité, et la logique de la « persévérance dans l'être » du simple mortel que je suis.

Une crise de fidélité est toujours ce qui met à l'épreuve, par défection d'une image, la maxime unique de la consistance, donc de l'éthique : « Continuer ! ». Continuer alors même qu'on a perdu la trace, qu'on ne se sent plus « traversé » par le processus, que l'événement lui-même est obscurci, que son nom est égaré, ou qu'on se demande s'il ne nommait pas une erreur, voire un simulacre.

Car l'existence connue des simulacres aide puissamment à la mise en forme des crises. L'opinion me murmure (et donc je me murmure, car je ne suis jamais hors des opinions) que ma fidélité pourrait bien être terreur exercée sur moi-même, et que la fidélité à laquelle je suis fidèle ressemble beaucoup, beaucoup trop, à tel ou tel Mal identifié. C'est toujours possible, puisque les traits formels de ce Mal (comme simulacre) sont exactement ceux d'une vérité.

Ce à quoi je suis exposé est alors de *trahir* une vérité. La trahison n'est pas simple renoncement. Malheureusement on ne peut pas simplement « renoncer » à une vérité. Le déni en moi de l'Immortel est bien autre chose qu'un abandon, une cessation : je dois toujours me convaincre que l'Immortel en question *n'a jamais existé*, et donc me rallier sur ce point aux opinions, dont tout l'être, au service des intérêts, est justement cette négation. Car l'Immortel, si j'en reconnais l'existence, m'enjoint de continuer, il a la puissance éternelle des vérités qui l'induisent. Et par conséquent, il faut que je trahisse en moi le devenir-sujet, que je devienne ennemi de cette vérité dont le « quelqu'un » que je suis composait, parfois avec d'autres, le sujet.

Ainsi s'explique que les anciens révolutionnaires soient obligés de déclarer qu'ils étaient dans l'erreur et la folie, qu'un ancien amant ne comprenne plus pourquoi il aimait cette femme ou qu'un scientifique fatigué en vienne à méconnaître et brimer bureaucratiquement le devenir même de sa propre science. Comme le processus de vérité est rupture immanente, vous ne pouvez le « quitter » (ce qui veut dire, selon la forte expression de Lacan, retourner « au service des biens ») qu'en rompant avec cette rupture, qui vous avait saisi. Et la rupture d'une rupture a pour motif la continuité. Continuité de la situation et des opinions : il n'y a rien eu là, sous le nom de « politique », ou d'« amour », qu'une illusion au mieux, au pire un simulacre.

De là que la défaite de l'éthique d'une vérité, au point indécidable d'une crise, se présente comme trahison.

Et c'est un Mal dont on ne revient pas, le deuxième nom, après le simulacre, du Mal dont une vérité expose la possibilité.

3. *L'innommable*

Nous avons dit : une vérité – c'est son effet de « retour » – transforme les codes de communication, change le régime des opinions. Non que les opinions deviennent « vraies » (ou fausses). Elles en sont incapables, et, dans son être-multiple éternel, une vérité demeure indifférente aux opinions. Mais elles deviennent *autres.* Ce qui veut dire que des jugements autrefois évidents pour l'opinion ne sont plus soutenables, que d'autres sont nécessaires, que les façons de communiquer se modifient, etc.

Cet effet de remaniement des opinions, nous l'avons appelé la *puissance* des vérités.

La question que nous posons est alors la suivante : la puissance d'une vérité est-elle, dans la situation où elle continue son tracé fidèle, une puissance virtuellement totale ?

Que peut bien être l'hypothèse d'une puissance *totale* de telle ou telle vérité ? Pour le comprendre, il faut se souvenir de nos axiomes ontologiques : une situation (objective), celle en particulier où une vérité (subjective) « travaille », n'est jamais qu'un multiple, composé d'une infinité d'éléments (lesquels du reste sont à leur tour des multiples). Qu'est-ce alors que la forme générale d'une opinion ? Il s'agit d'un jugement porté sur tel ou tel élément de la situation objective : « Le temps est orageux aujourd'hui », « Moi, je vous dis que les politiciens sont tous des pourris », etc. Des éléments de la situation – qui sont tout ce qui appartient à cette situation – il est requis, pour qu'on en puisse « discuter » en termes d'opinion, qu'ils soient nommés d'une façon ou d'une autre. « Nommer » veut seulement dire que les animaux humains sont en état de communiquer à propos de ces éléments, de socialiser leur existence, de les ordonner à leurs intérêts.

Appelons « langage de la situation » la possibilité pragmatique de nommer les éléments qui la composent, et donc d'échanger à leur propos des opinions.

Toute vérité a aussi affaire aux éléments de la situation, puisque son processus n'est rien d'autre que de les examiner *du point de l'événement.* En ce sens, il y a une identification de ces éléments par le processus de vérité, et, s'agissant de quelqu'un qui entre dans la composition d'un sujet de vérité, il est certain qu'il contribuera à cette identification en employant le langage de la situation, qu'en tant que « quelqu'un » il pratique comme tout le monde. De ce point de vue, le processus de vérité traverse le langage de la situation, comme il en traverse tous les savoirs.

Mais l'examen d'un élément *selon une vérité* est tout à fait autre chose que son jugement pragmatique en termes d'opinion. Il ne s'agit pas d'approprier cet élément aux intérêts – du reste divergents, car les opinions sont incohérentes entre elles – des animaux humains. Il s'agit uniquement de se prononcer sur lui « en vérité » à partir de la rupture immanente post-événementielle. Et cette prononciation est, elle, désintéressée, elle vise à doter l'élément d'une sorte d'éternité, à quoi s'accorde le devenir-Immortel des « quelqu'uns » qui participent au sujet de la vérité, sujet qui est le point réel de la prononciation.

De là une conséquence capitale, qui est qu'en définitive une vérité *change les noms.* Entendons par là que sa nomination propre des éléments est *autre chose* que la nomination pragmatique, aussi bien dans son point de départ (l'événement, la fidélité) que dans sa destination (une vérité éternelle). Et ceci même si le processus de vérité traverse le langage de la situation.

Il faut ainsi admettre qu'outre le langage de la situation objective, qui permet la communication des opinions, il existe une *langue-sujet* (langue de la situation subjective), qui permet l'inscription d'une vérité.

En fait, ce point est évident. La langue mathématisée de la science n'est nullement la langue des opinions, y compris des opinions sur la science. La langue d'une déclaration d'amour peut être d'apparence fort banale (« Je t'aime », par exemple), il n'en reste pas moins que sa *puissance* dans la situation est entièrement soustraite à l'usage commun des mêmes mots. La langue du poème n'est pas celle du journalisme. Et la langue de la politique est à ce point singulière, que le jugement de l'opinion sur elle est qu'elle est une « langue de bois ».

Mais ce qui nous intéresse est que la puissance d'une vérité en direction des opinions est de forcer les nominations pragmatiques (le langage de la situation objective) à s'infléchir et se déformer au contact de la langue-sujet. C'est cela et rien d'autre qui change les codes établis de la communication, sous l'effet d'une vérité.

Nous pouvons maintenant définir ce que serait une puissance *totale* de la vérité : ce serait une puissance totale de la langue-sujet. Soit la capacité à nommer et évaluer *tous* les éléments de la situation objective à partir du processus de vérité. Raidie et devenue dogmatique (ou « aveuglée »), la langue-sujet prétendrait pouvoir nommer, à partir de ses propres axiomes, la totalité du réel – et transformer ainsi le monde.

Les pouvoirs du langage de la situation sont bien eux-mêmes sans restriction : tout élément est susceptible d'être nommé à partir d'un intérêt quelconque, et d'être jugé dans des communications entre animaux humains. Mais comme de toute façon ledit langage est *incohérent* et livré à l'échange pragmatique, cette vocation totale importe peu.

S'agissant par contre de la langue-sujet (langue du militant, du chercheur, de l'artiste, de l'amoureux...), qui est le résultat d'un processus de vérité, l'hypothèse de la puissance totale a des conséquences d'une toute autre nature.

D'abord, on suppose ainsi que la totalité de la situation objective se laisse disposer dans la *cohérence* particulière d'une vérité subjective.

Ensuite, on suppose qu'il est possible d'*anéantir l'opinion.* Si en effet la langue-sujet a la même extension que le langage de la situation, si de toutes choses on peut prononcer le vrai, ce n'est plus une simple déformation des usages pragmatiques et communiquants qui manifestera la puissance d'une vérité, mais l'autorité absolue de la nomination véridique. Une vérité forcera alors un pur et simple remplacement du langage de la situation par la langue-sujet. Ce qui peut se dire : l'Immortel s'accomplira comme négation intégrale de l'animal humain qui le supporte.

Quand Nietzsche se propose de « casser en deux l'histoire du monde » en dynamitant le nihilisme chrétien et en généralisant le grand « oui » dionysiaque à la Vie ; ou quand certains Gardes rouges de la Révolution culturelle chinoise annoncent, en 1967, la suppression complète de l'égoïsme, c'est bien à la vision d'une situation où l'intérêt a disparu et où les opinions sont *remplacées* par la vérité que Nietzsche et ces Gardes rouges s'attachent. Le grand positivisme du XIXe siècle imaginait de même que les énoncés de la science allaient sur toutes choses *remplacer* les opinions et les croyances. Et les romantiques allemands adoraient un univers de part en part transi par une poétique absolutisée.

Mais Nietzsche est devenu fou. Les Gardes rouges, après avoir commis d'immenses destructions, ont été fusillés, emprisonnés, ou ont trahi leur propre fidélité. Notre siècle est le cimetière des idées positivistes de progrès. Et les romantiques, qui déjà se suicidaient volontiers, ont vu, dans l'avatar des politiques « esthétisées », leur « absolu littéraire » engendrer des monstres[18].

C'est que toute vérité suppose en fait, dans la composition des sujets qu'elle induit, la maintenance du « quelqu'un », l'activité toujours duplice de l'animal humain en proie à la vérité. Même la « consistance » éthique, nous l'avons vu, n'est qu'engagement désintéressé, dans la fidélité, d'une persévérance dont l'origine est l'intérêt. De sorte que toute visée d'une puissance totale des vérités ruine ce qui supporte ces vérités.

L'Immortel n'existe que dans et par l'animal mortel. Les vérités ne font leur percée singulière que dans le tissu des opinions. Il faut que nous communiquions, que nous opinions. C'est nous-mêmes, tels quels, qui nous exposons au devenir-sujet. Il n'y a pas d'autre Histoire que la nôtre, il n'y a pas de monde vrai à venir. Le monde en tant que monde est et restera en deçà du vrai et du faux. Il n'y a pas de monde captif de la cohérence du Bien. Le monde est et restera en deçà du Bien et du Mal.

Le Bien n'est le Bien qu'autant qu'il ne prétend pas rendre le monde bon. Son seul être est l'advenue en situation

18. Philippe Lacoue-Labarthe et Jean-Luc Nancy, *L'Absolu littéraire*, Seuil, 1988. Ces deux auteurs travaillent depuis des années sur la filiation entre le romantisme allemand et l'esthétisation de la politique dans le fascisme. *Cf.* aussi, du premier, *La Fiction du politique*, C. Bourgois, 1978.

d'une vérité singulière. Il faut donc que la puissance d'une vérité soit aussi une impuissance.

Toute absolutisation de la puissance d'une vérité organise un Mal. Non seulement ce Mal est destruction dans la situation (parce que le vœu d'anéantir l'opinion est au fond identique au vœu d'anéantir, dans l'animal humain, son animalité elle-même, donc son être), mais il est finalement interruption du processus de vérité au nom duquel il s'effectue, faute de préserver, dans la composition de son sujet, la duplicité des intérêts (intérêt-désintéressé et intérêt tout court).

C'est pourquoi nous appellerons cette figure du Mal un *désastre*, désastre de la vérité induit par l'absolutisation de sa puissance.

Que la vérité n'ait pas puissance totale signifie en dernier ressort que la langue-sujet, production du processus de vérité, n'a pas pouvoir de nomination sur tous les éléments de la situation. Il doit au moins exister un élément réel, un multiple existant dans la situation, qui demeure inaccessible aux nominations véridiques, et qui n'est livré qu'à l'opinion, qu'au langage de la situation. Un point que la vérité ne peut forcer.

Nous appellerons cet élément l'*innommable* d'une vérité[19].

L'innommable ne l'est pas « en soi » : il est virtuellement accessible au langage de la situation, on peut certainement échanger à son propos des opinions. Car il n'y a nulle limite à la communication. L'innommable est innommable pour la langue-sujet. Disons que ce terme n'est pas susceptible d'être éternisé, ou n'est pas accessible à l'Immortel. Il est, en ce sens, le symbole du *pur réel* de la situation, de sa vie sans vérité.

19. Alain Badiou, *Conditions*, Seuil, 1992. Il y a dans ce recueil deux textes sur l'*innommable* : « Conférence sur la soustraction », et « La vérité : forçage et innommable ».

C'est une tâche difficile de la pensée (philosophique) de déterminer le point d'innommable d'un type de processus de vérité. Il n'est pas question de nous y engager ici. Disons cependant qu'on peut établir que, s'agissant de l'amour, la jouissance sexuelle comme telle est soustraite à la puissance de vérité (qui est vérité sur le deux). Dans les mathématiques qui représentent par excellence la pensée non contradictoire, c'est justement la non-contradiction qui est l'innommable : on sait en effet qu'il est impossible de démontrer, de l'intérieur d'un système mathématique, la non-contradiction de ce système (c'est le fameux théorème de Gödel)[20]. Enfin, la communauté, le collectif, sont les innommables de la politique : toute tentative de nommer « politiquement » une communauté induit un Mal désastreux (comme on le voit aussi bien dans l'exemple extrême du nazisme, que dans l'usage réactionnaire du mot de « Français », dont tout le destin est de persécuter des gens d'ici sous l'imputation arbitraire d'être « étrangers »).

Ce qui nous importe est le principe général : le Mal est cette fois, sous condition d'une vérité, de vouloir à tout prix forcer la nomination de l'innommable. Tel est exactement le principe du désastre.

Simulacre (corrélé à l'événement), *trahison* (corrélée à la fidélité), *forçage de l'innommable* (corrélé à la puissance du vrai) : telles sont les figures du Mal, Mal dont le seul Bien reconnaissable – un processus de vérité – met à l'ordre du jour la possibilité.

20. *Le théorème de Gödel*, Seuil, 1990. Il est important de comprendre *exactement* ce que dit ce théorème fameux.

CONCLUSION

Nous sommes partis d'une critique radicale de l'idéologie « éthique » et de ses variantes socialisées : doctrine des droits de l'homme, vision victimaire de l'Homme, ingérence humanitaire, bio-éthique, « démocratisme » informe, éthique des différences, relativisme culturel, exotisme moral, etc.

Nous avons montré que ces tendances intellectuelles de notre temps étaient, au mieux des variantes de l'antique prédication moralisante et religieuse, au pire le mélange menaçant du conservatisme et de la pulsion de mort.

Nous avons vu, dans le courant d'*opinion* qui évoque à tout instant l'« éthique », un grave symptôme de renoncement à cela seul qui distingue l'espèce humaine du vivant prédateur qu'elle est aussi : la capacité à entrer dans la composition et le devenir de quelques vérités éternelles.

De ce point de vue, nous n'hésitons pas à dire que l'idéologie « éthique » est, dans nos sociétés, le principal (mais transitoire) adversaire de tous ceux qui s'efforcent de faire droit à une pensée, quelle qu'elle soit.

Nous avons ensuite esquissé la reconstruction d'un concept admissible de l'éthique, qui en subordonne la maxime au devenir des vérités. Cette maxime, dans sa forme générale, se dit : « Continuer ! ». Continuer d'être ce « quelqu'un », un animal humain comme les autres, qui cependant s'est trouvé *saisi* et *déplacé* par le processus événementiel d'une vérité. Continuer à être partie prenante de ce sujet d'une vérité qu'il nous est arrivé de devenir.

C'est au cœur des paradoxes de cette maxime que nous avons rencontré, ainsi dépendante du Bien (les vérités), la véritable figure du Mal, sous ses trois espèces : le *simulacre* (être le fidèle terrorisant d'un faux événement), la *trahison* (céder sur une vérité au nom de son intérêt), le forçage de l'innommable, ou *désastre* (croire que la puissance d'une vérité est totale).

Aussi le Mal est-il une possibilité qui n'est ouverte que par la rencontre du Bien. L'éthique des vérités, qui ne va qu'à donner *consistance* à ce « quelqu'un » que nous sommes, et qui s'est trouvé avoir à soutenir de sa propre persévérance animale la persévérance intemporelle d'un sujet de vérité, est aussi bien ce qui tente de parer au Mal, par son inclusion effective et tenace dans le processus d'une vérité.

L'éthique combine donc, sous l'impératif : « Continuer ! », une ressource de discernement (ne pas se prendre aux simulacres), de courage (ne pas céder) et de réserve (ne pas se porter aux extrêmes de la Totalité).

L'éthique des vérités ne se propose, ni de soumettre le monde au règne abstrait d'un Droit, ni de lutter contre un Mal extérieur et radical. Elle tente au contraire, par sa fidélité propre aux vérités, de parer au Mal – dont elle a reconnu qu'il est l'envers, ou la face d'ombre, de ces vérités.

Séduisant, mais comme toujours
– cette pensée pertinente n'est qu'occidentale

BIBLIOGRAPHIE

- Aristote, *Éthique à Nicomaque*, Garnier-Flammarion, 1950.
- A. Badiou, *Conditions*, Seuil, 1992.
- V. Chalamov, *Kolyma*, Maspéro, 1980.
- A. Glucksmann, *Les Maîtres Penseurs*, Grasset, 1977.
- J. Habermas, *Théorie de l'agir communicationnel*, Fayard, 1987.
- Kant, *Fondements de la métaphysique des mœurs*, Delagrave, 1957.
- J. Lacan, *L'Éthique de la psychanalyse*, Seuil, 1986.
- E. Lévinas, *Totalité et infini*, La Haye, 1961.
- Nietzsche, *La Généalogie de la morale*, Mercure de France, 1964.
- Platon, *La République*, Les Belles Lettres.
- Spinoza, *Éthique*, Seuil, 1988.

Aubin Imprimeur
LIGUGÉ, POITIERS

Achevé d'imprimer en mars 1994
N° d'édit. 13964 / N° d'impr. L 45002
D.L. mars 1994 / Imprimé en France